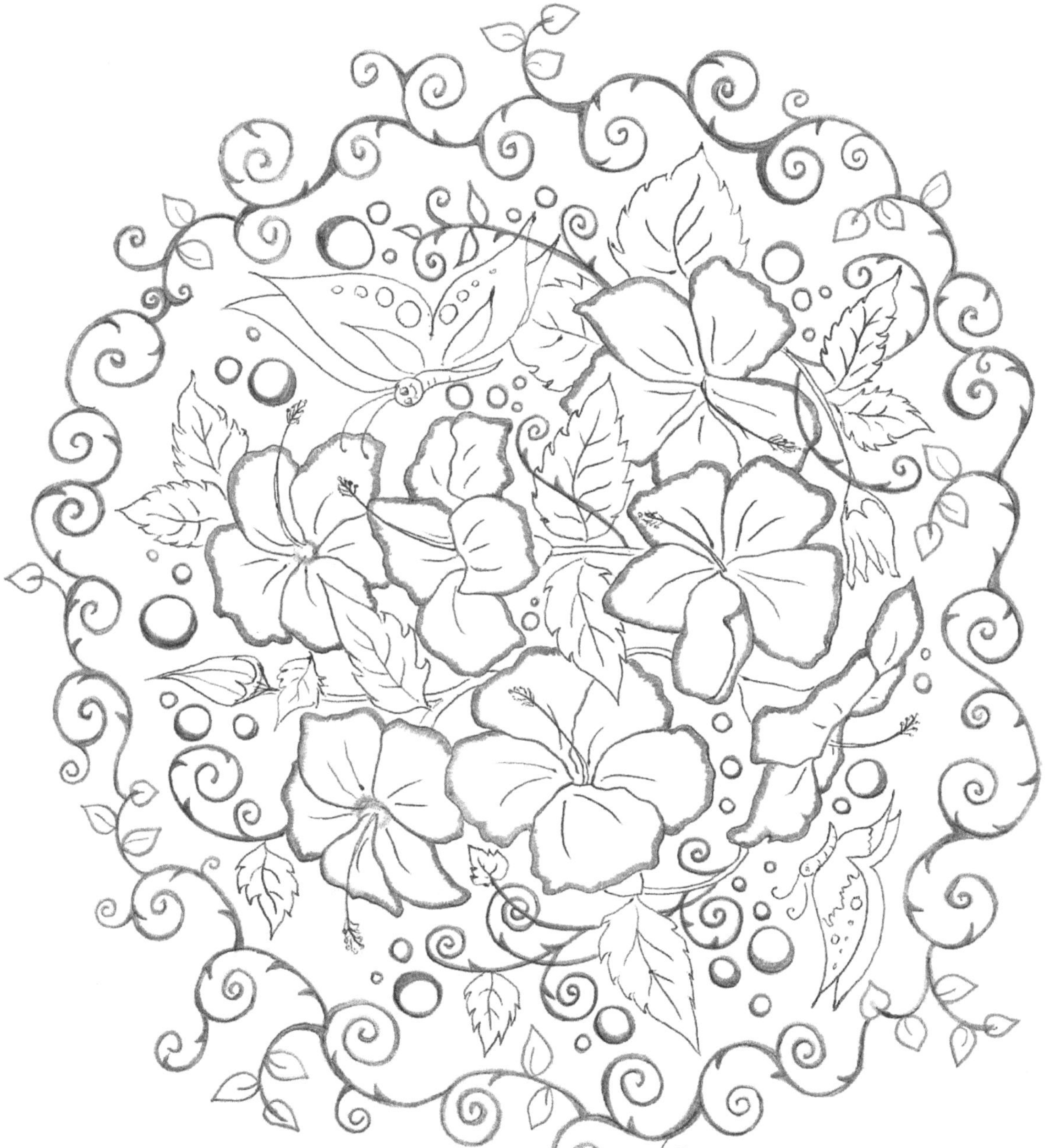

NOTE

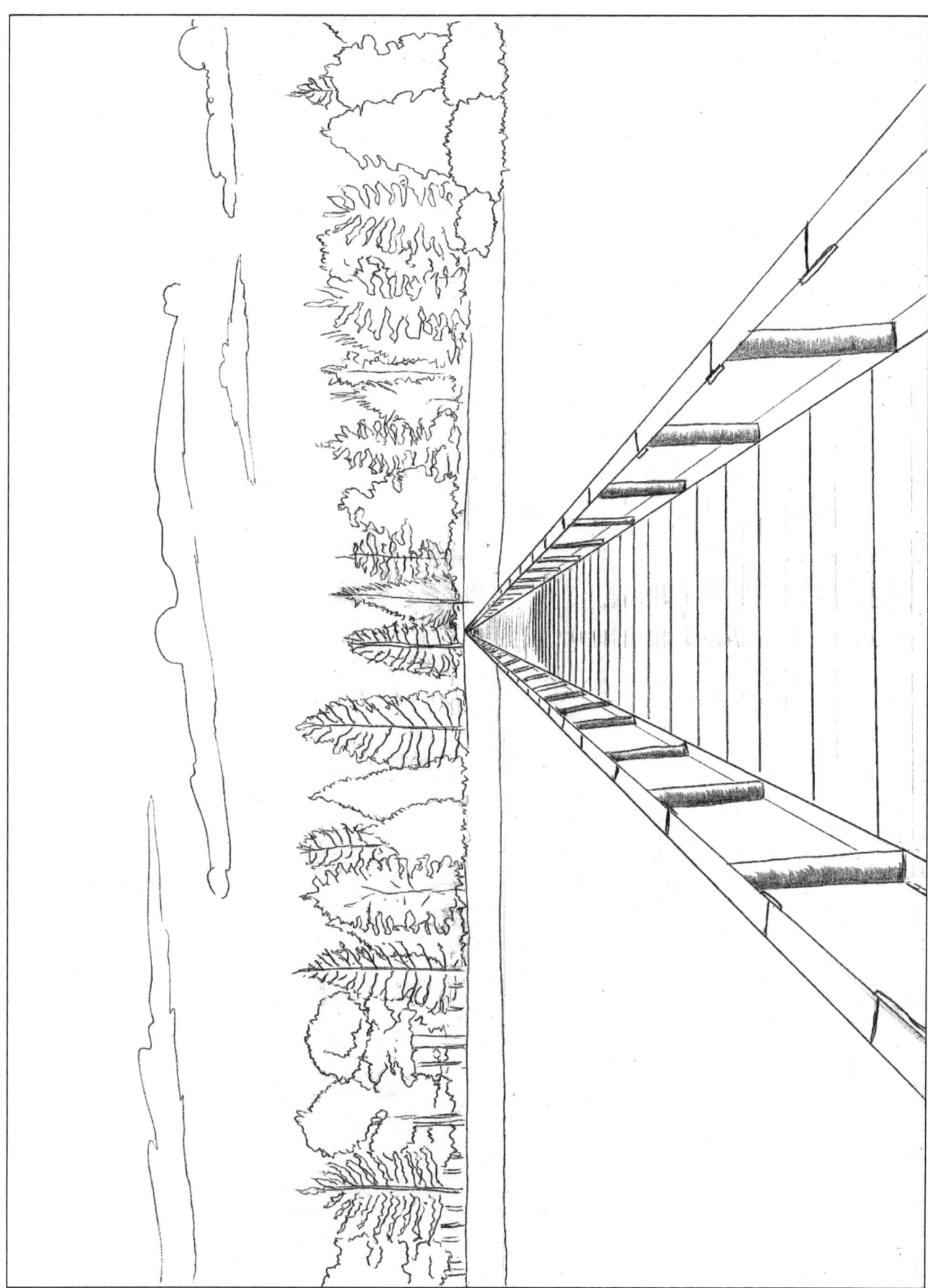

NOTE
Sibu Island, Johore

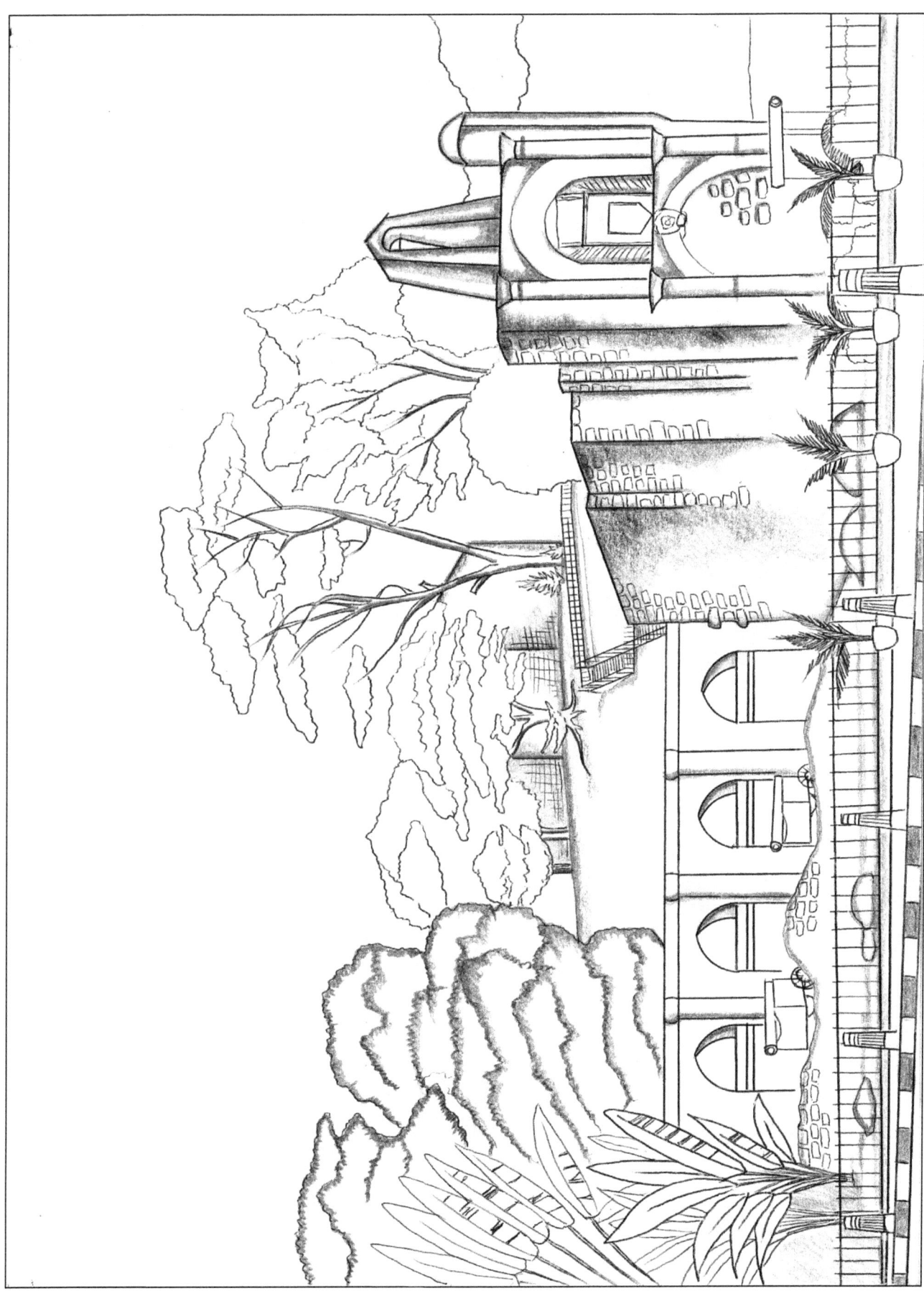

NOTE
A, Famosa, Malacca

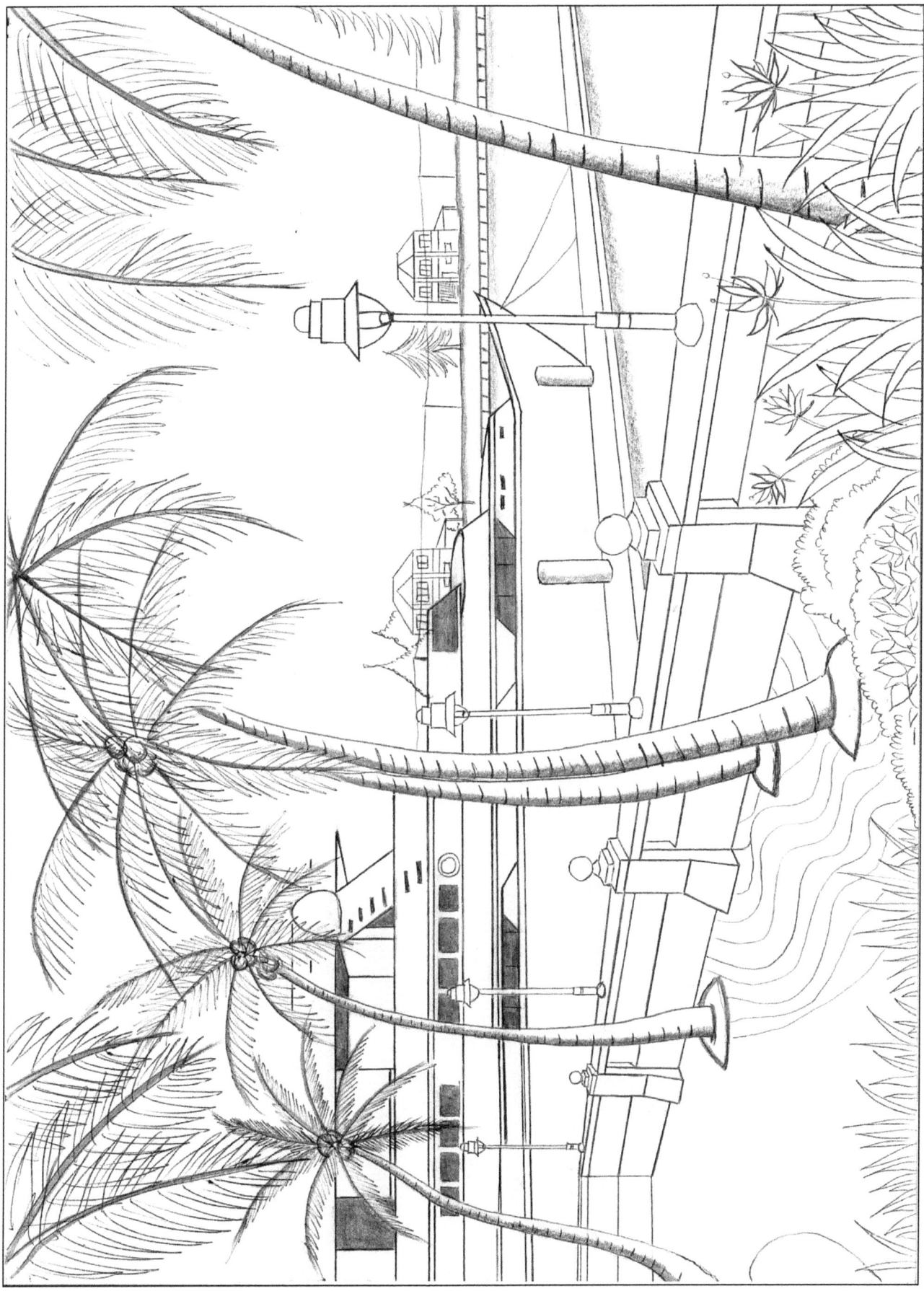

NOTE

Avillion Admiral Cove, Port Dickson, Negeri Sembilan

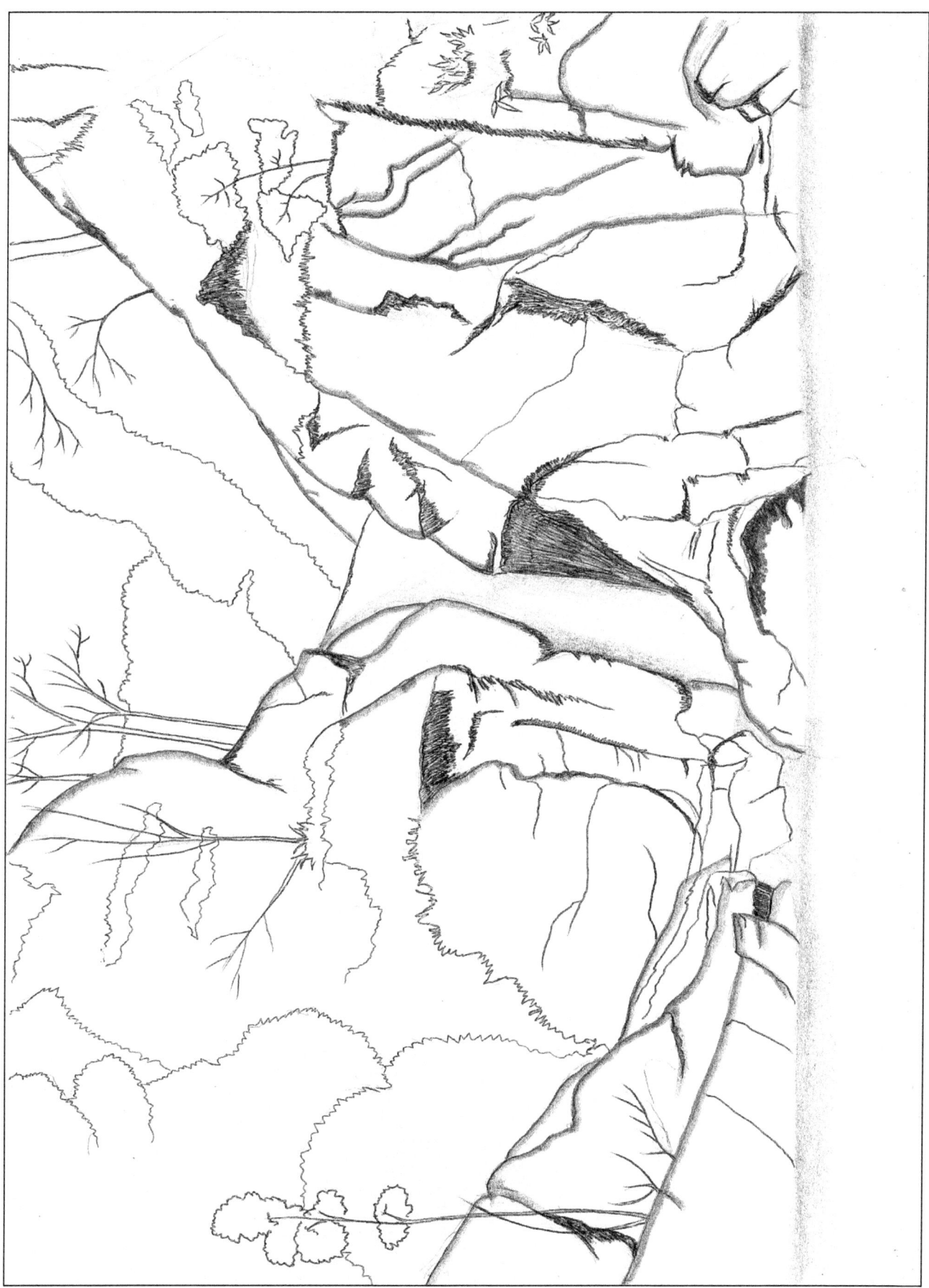

NOTE
Chilling Waterfall, Selangor

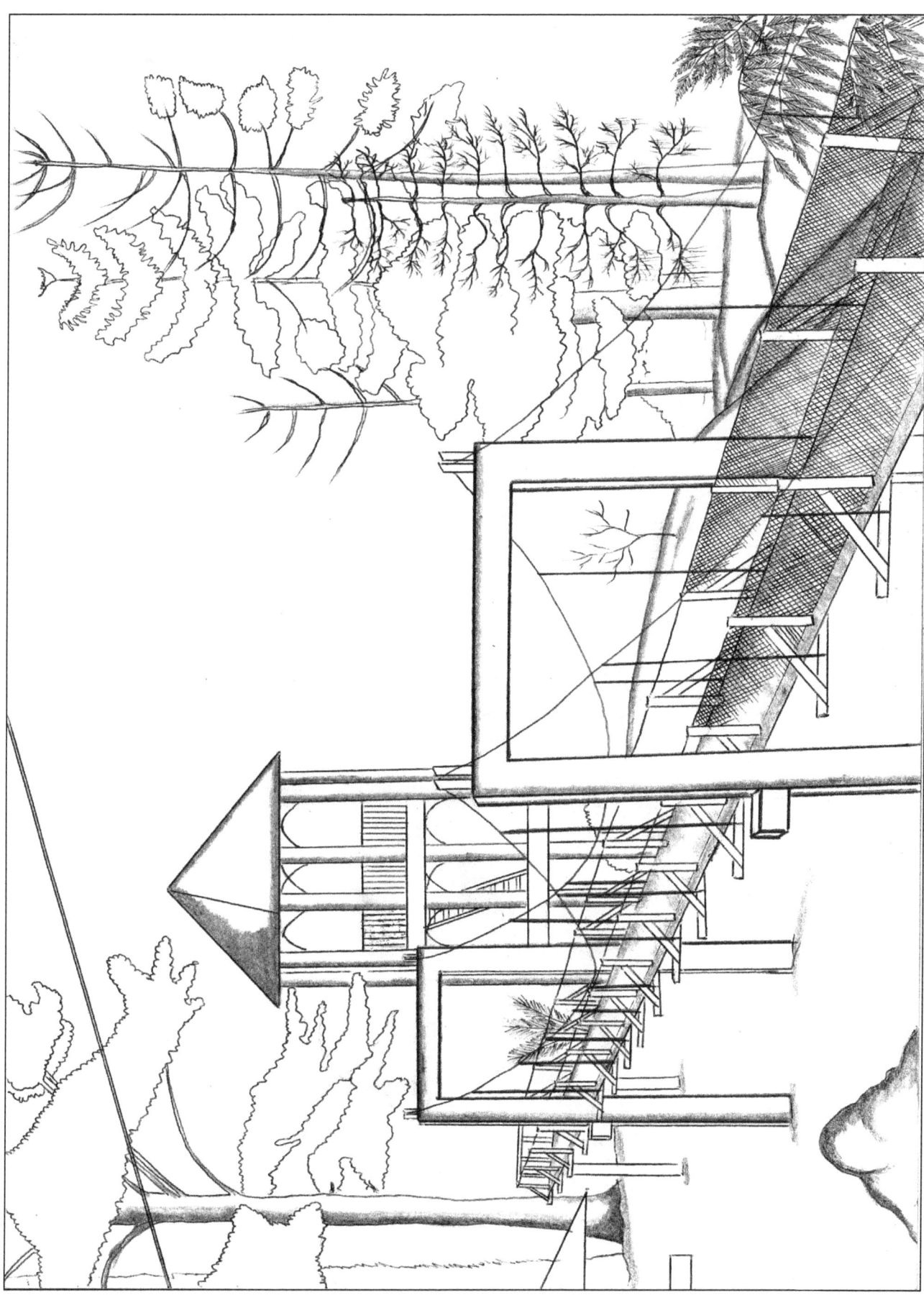

NOTE
Maxwell Hill, Perak

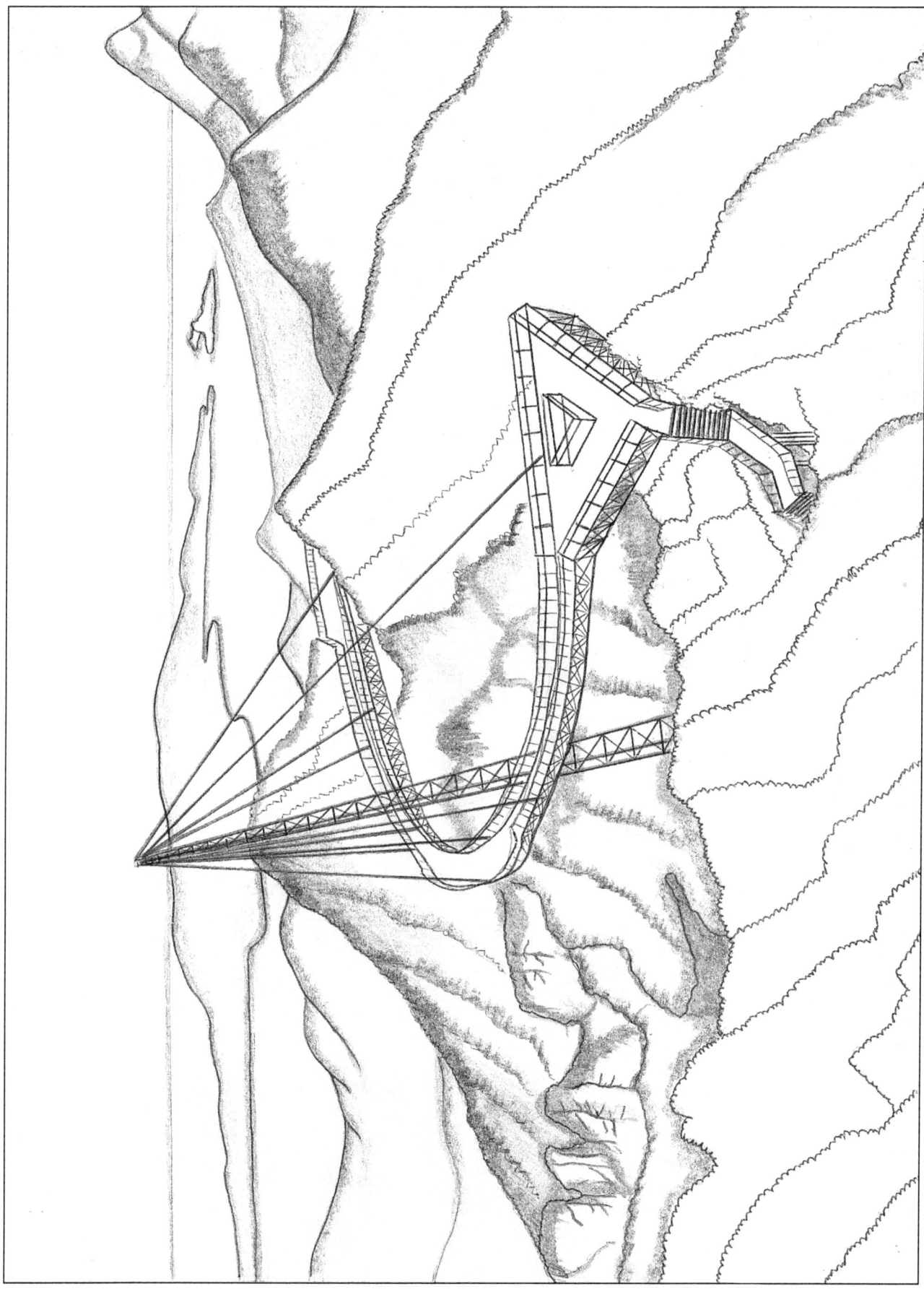

NOTE

Langkawi Skybridge, Langkawi, Kedah

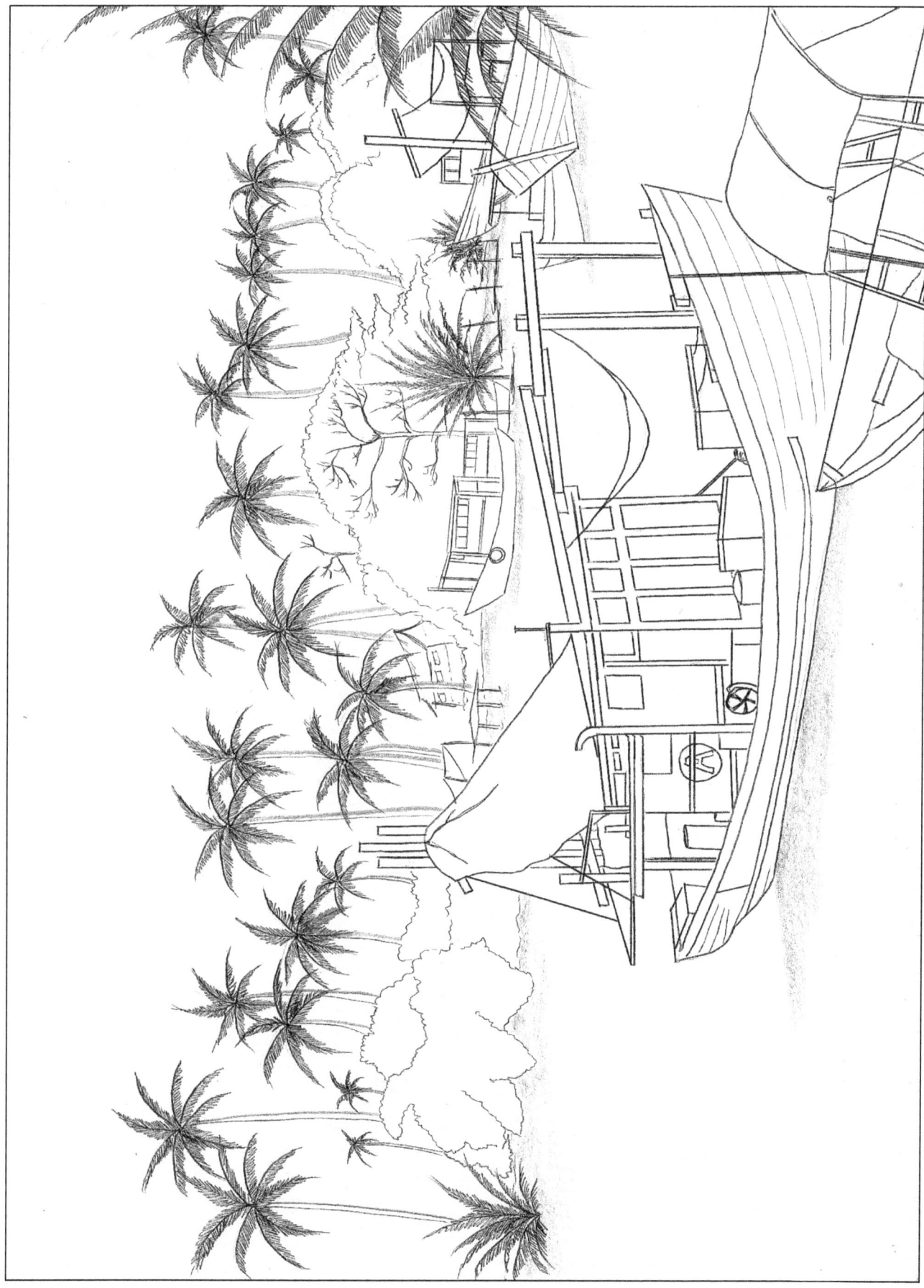

NOTE
Fishing Village, Kelantan

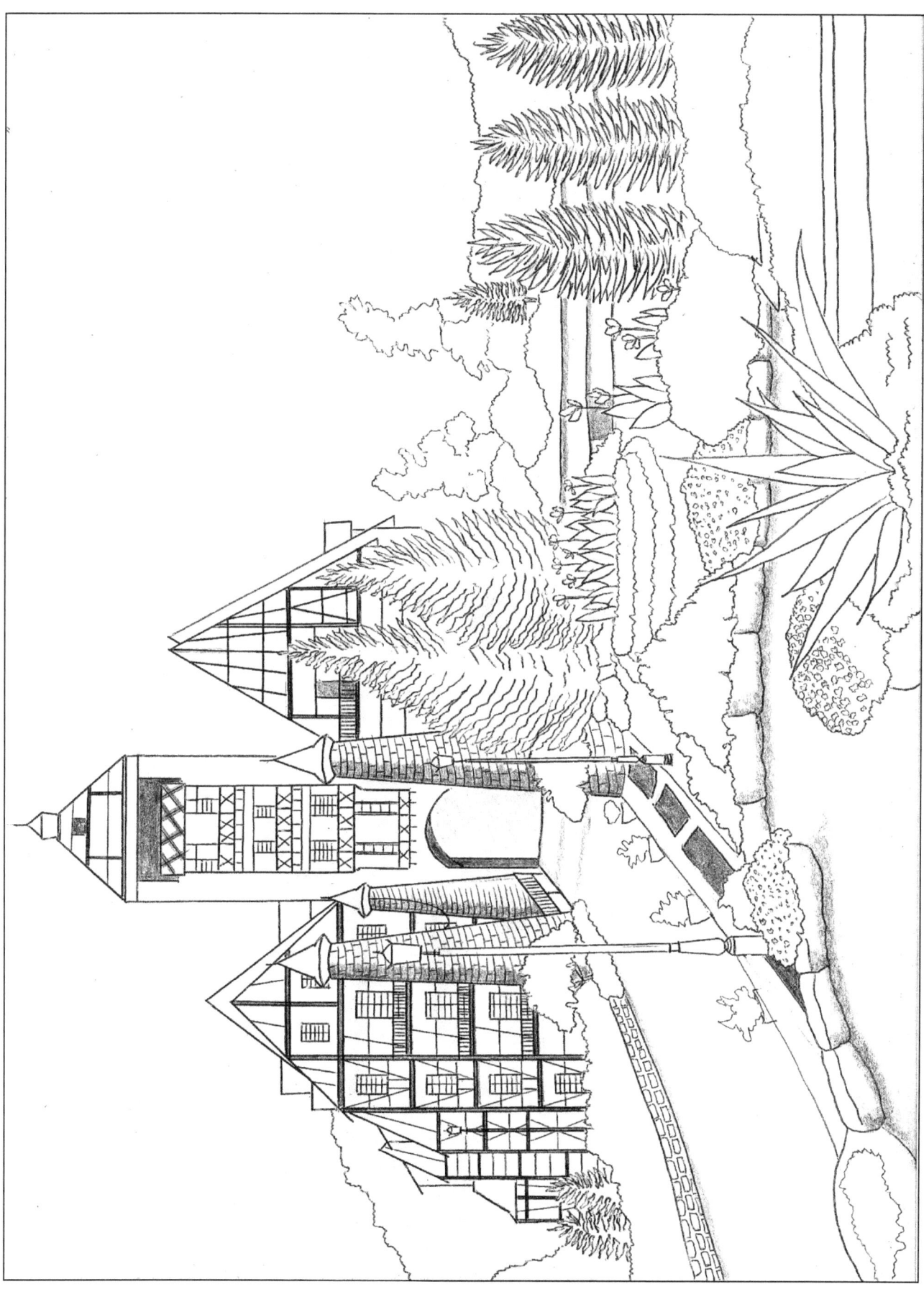

NOTE
Colmar Tropicale Resort, Berjaya Hill, Pahang

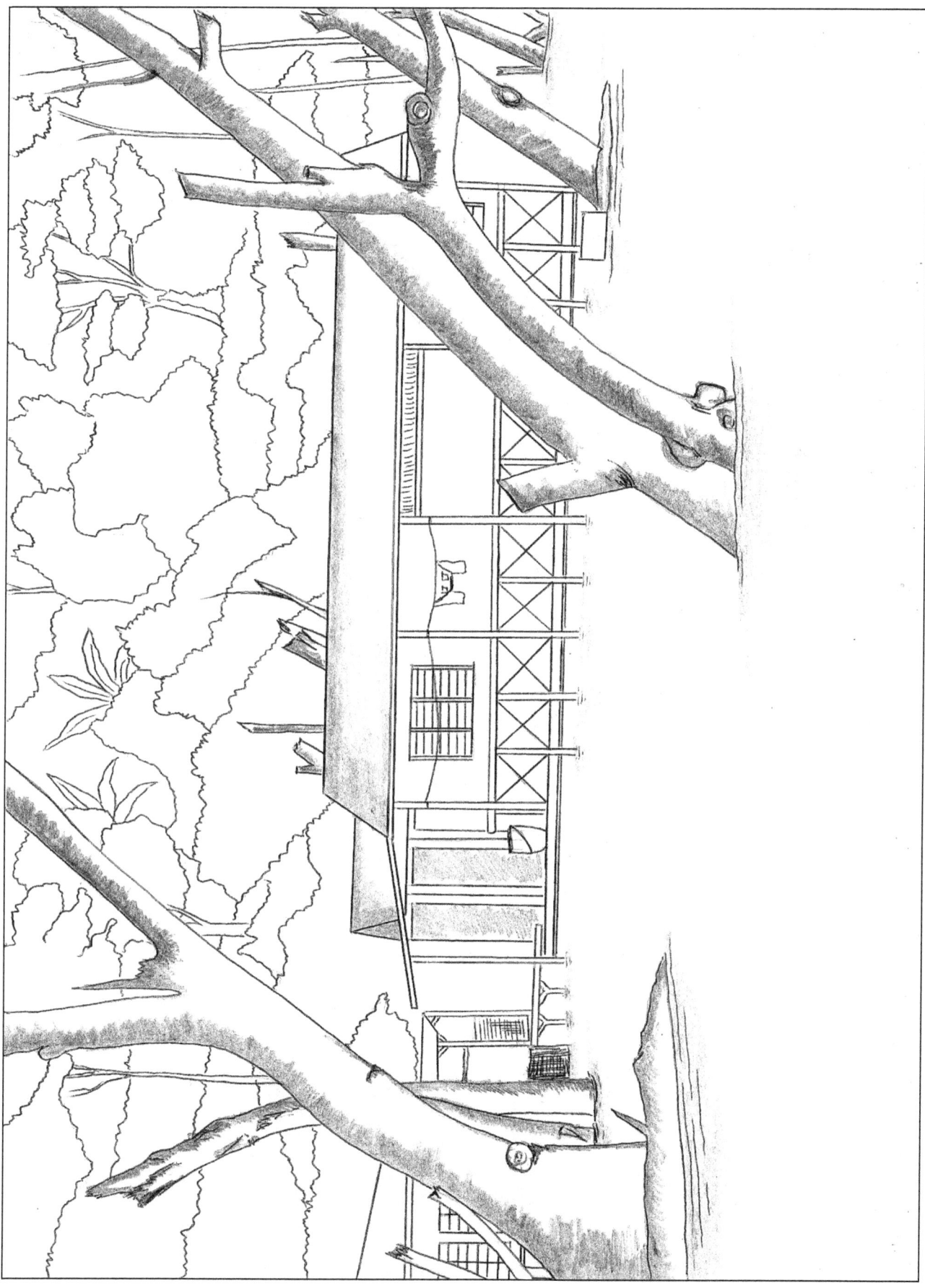

NOTE

Ulu Geroh Recreation Forest, Perak

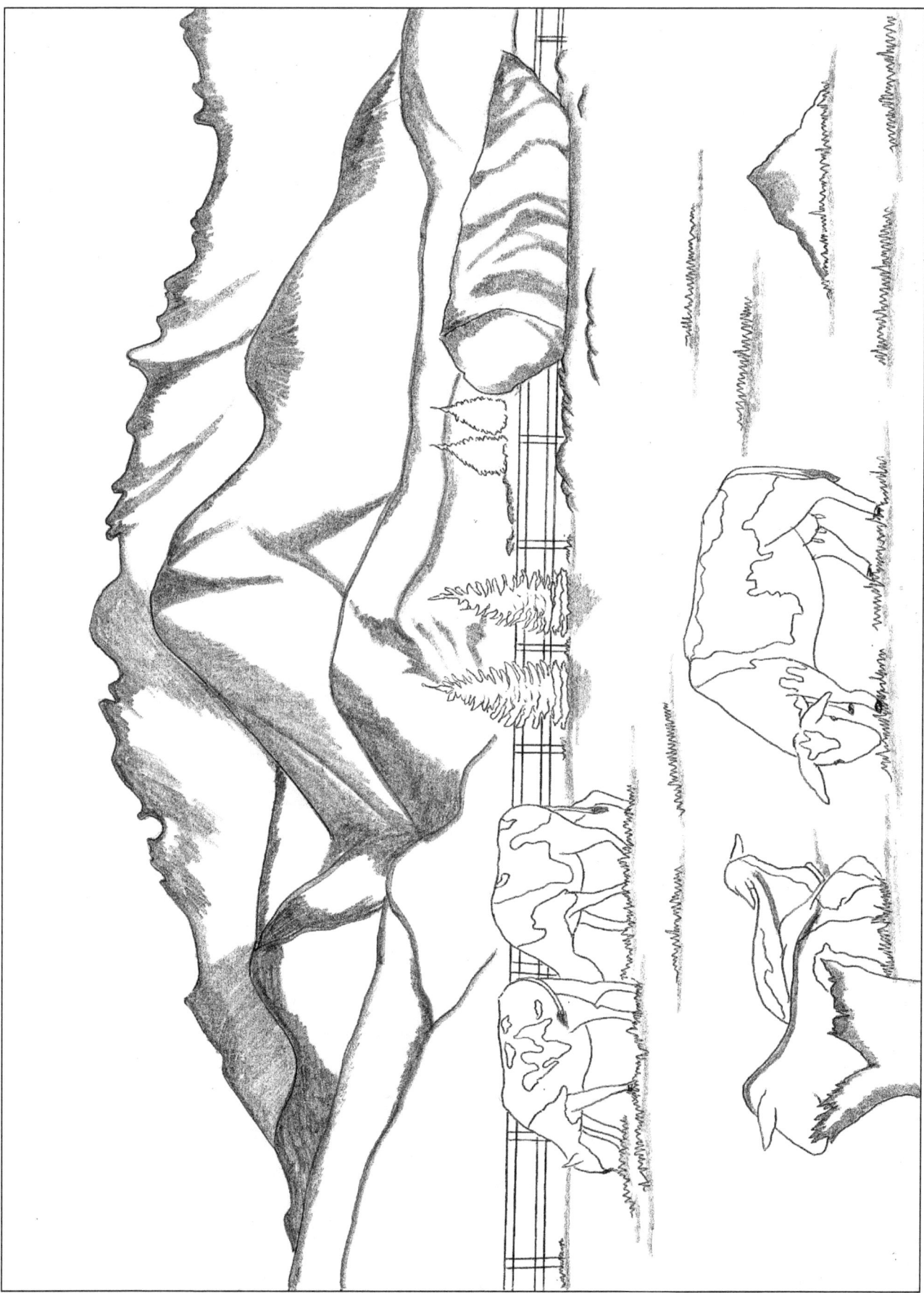

NOTE
Dairy Farm, Kundasang, Sabah

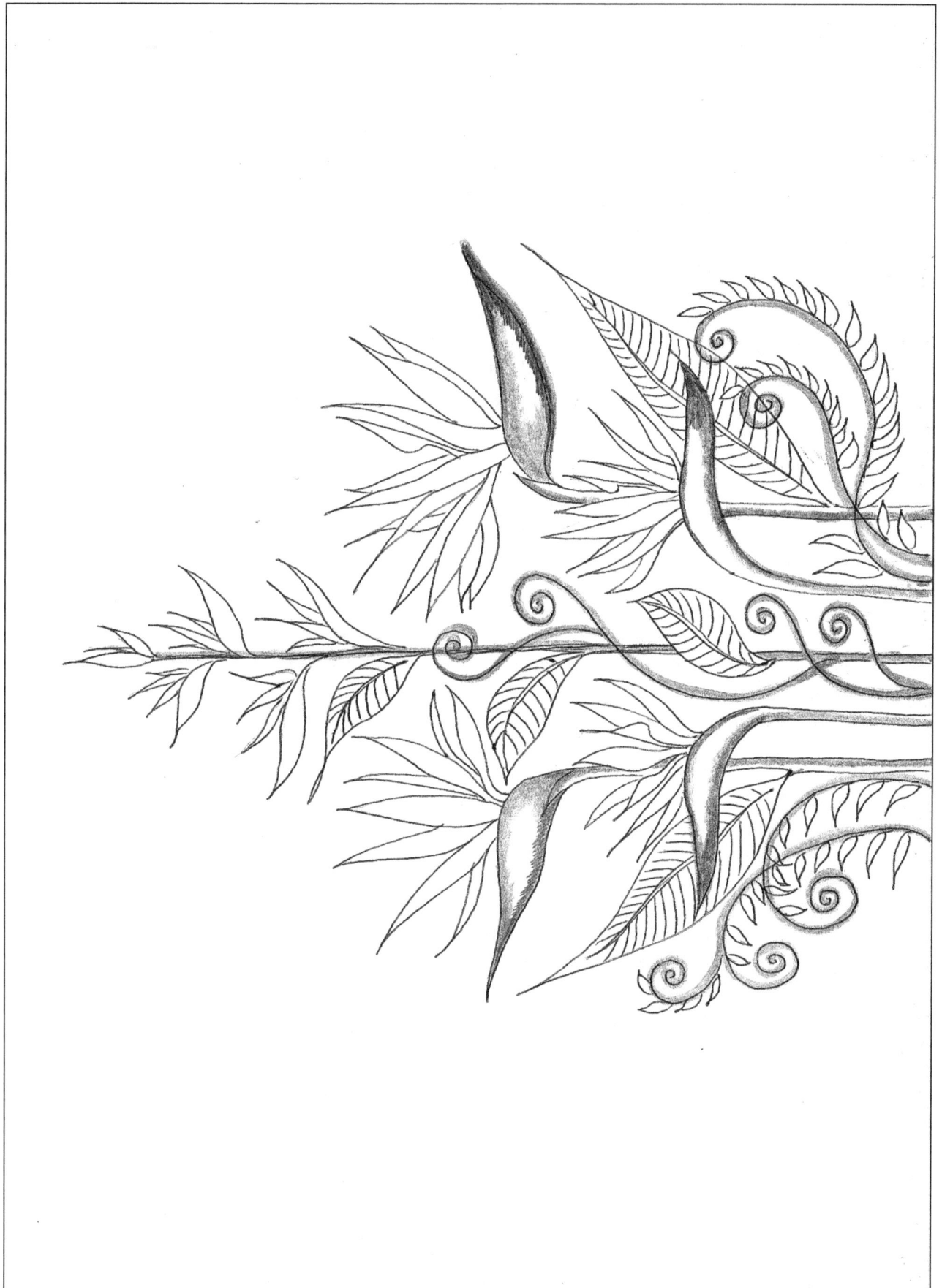

NOTE

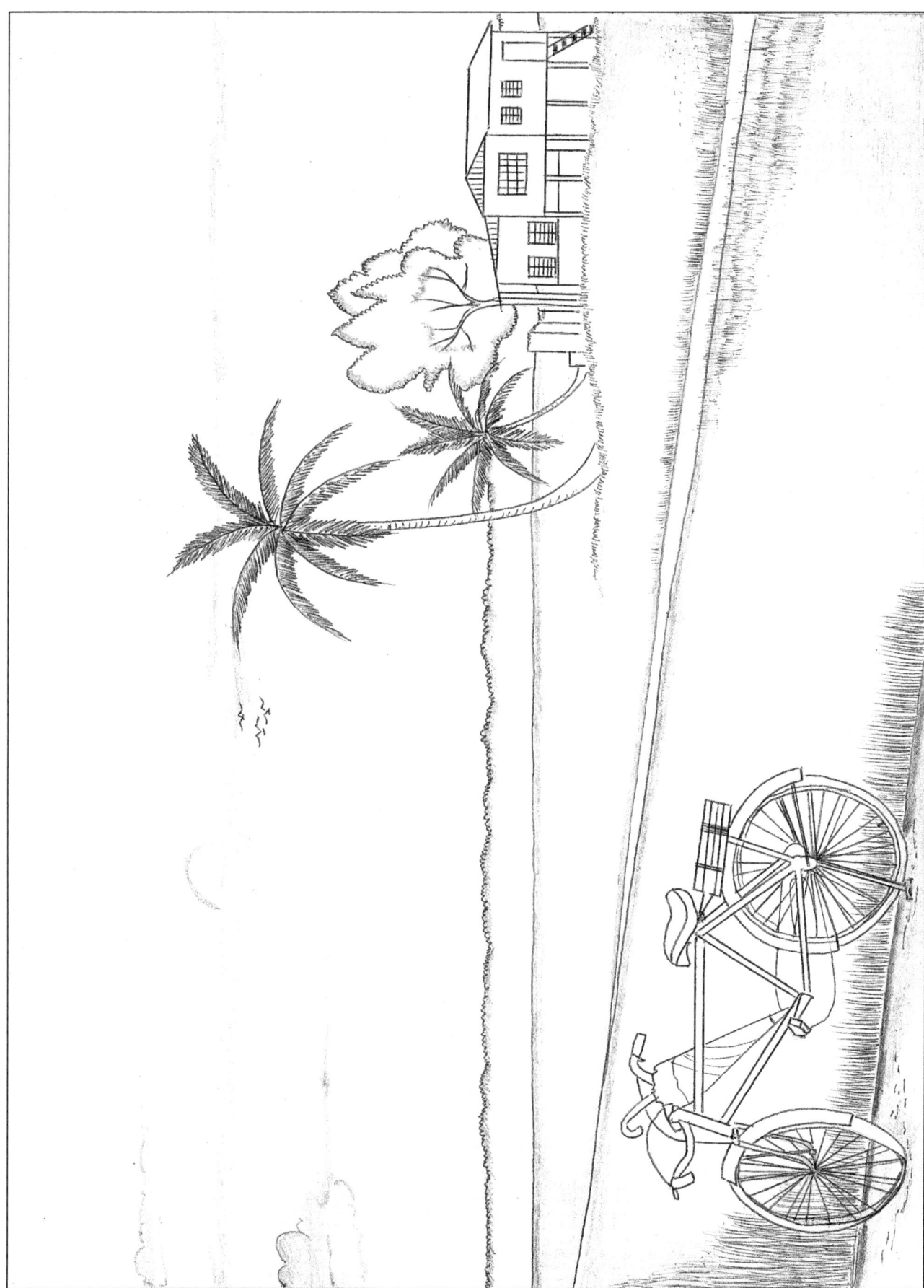

NOTE
Sekinchan Rice Field, Sekinchan, Selangor

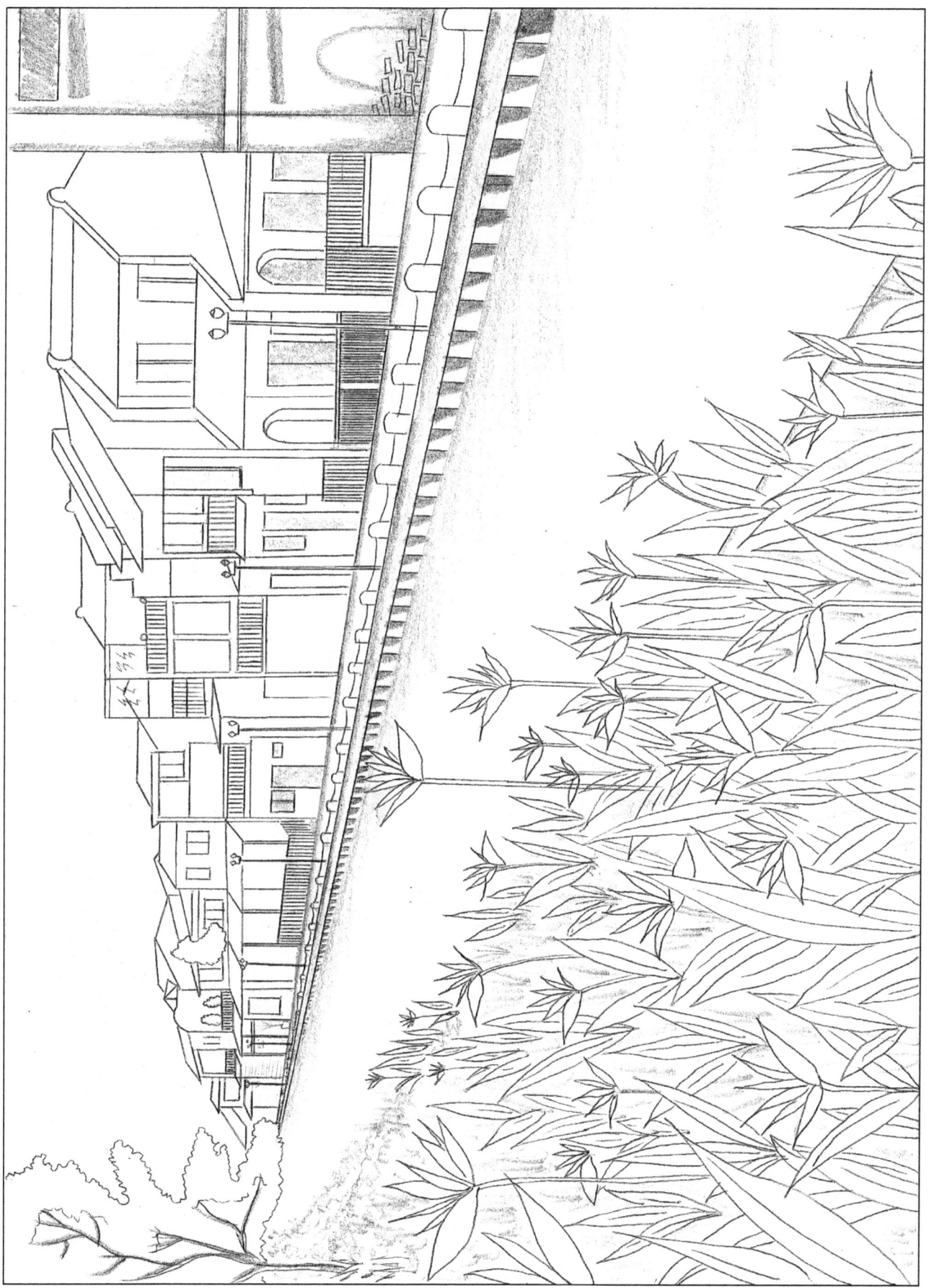

NOTE
Malacca Riverwalk, Malacca

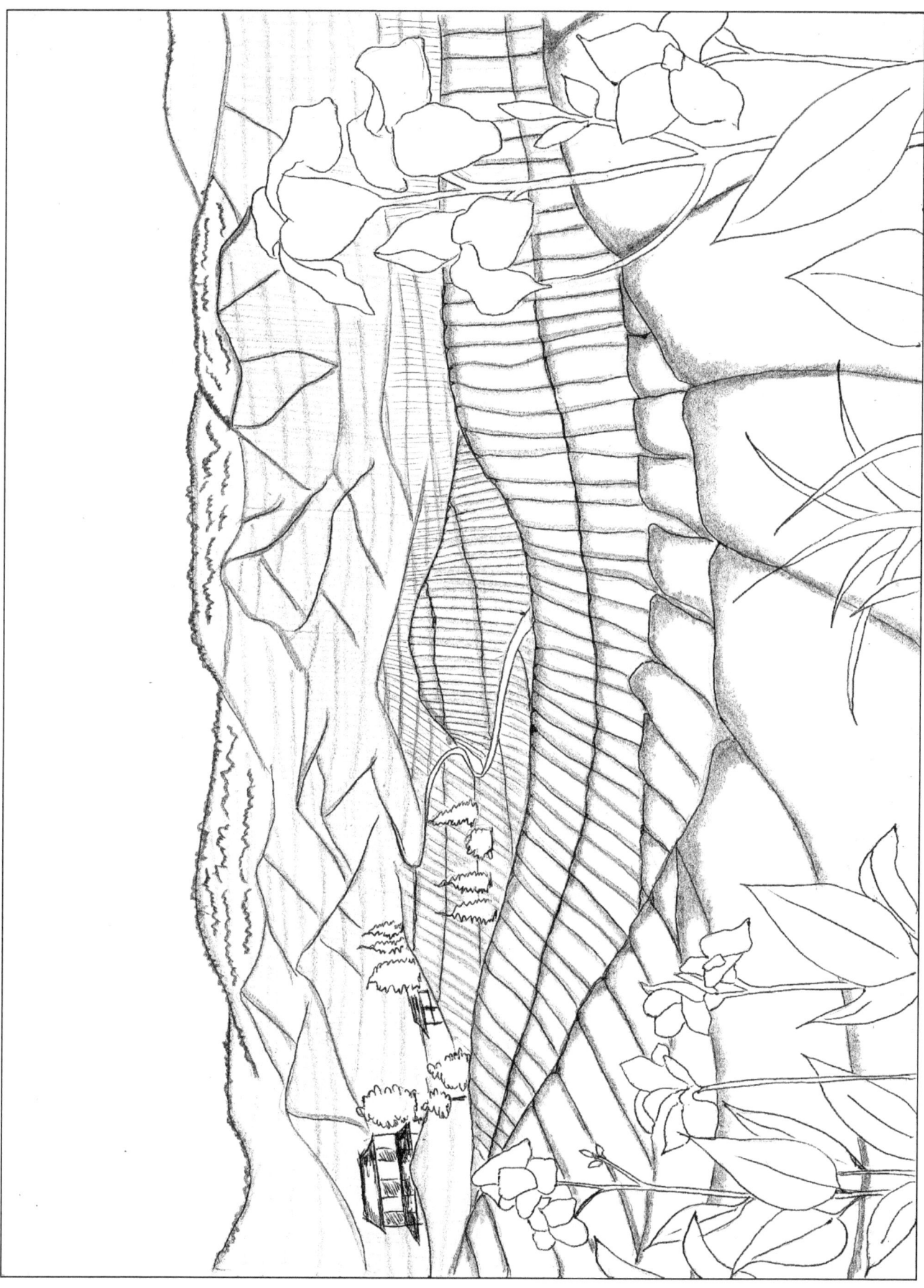

NOTE
Tea Plantation, Cameron Highland, Pahang

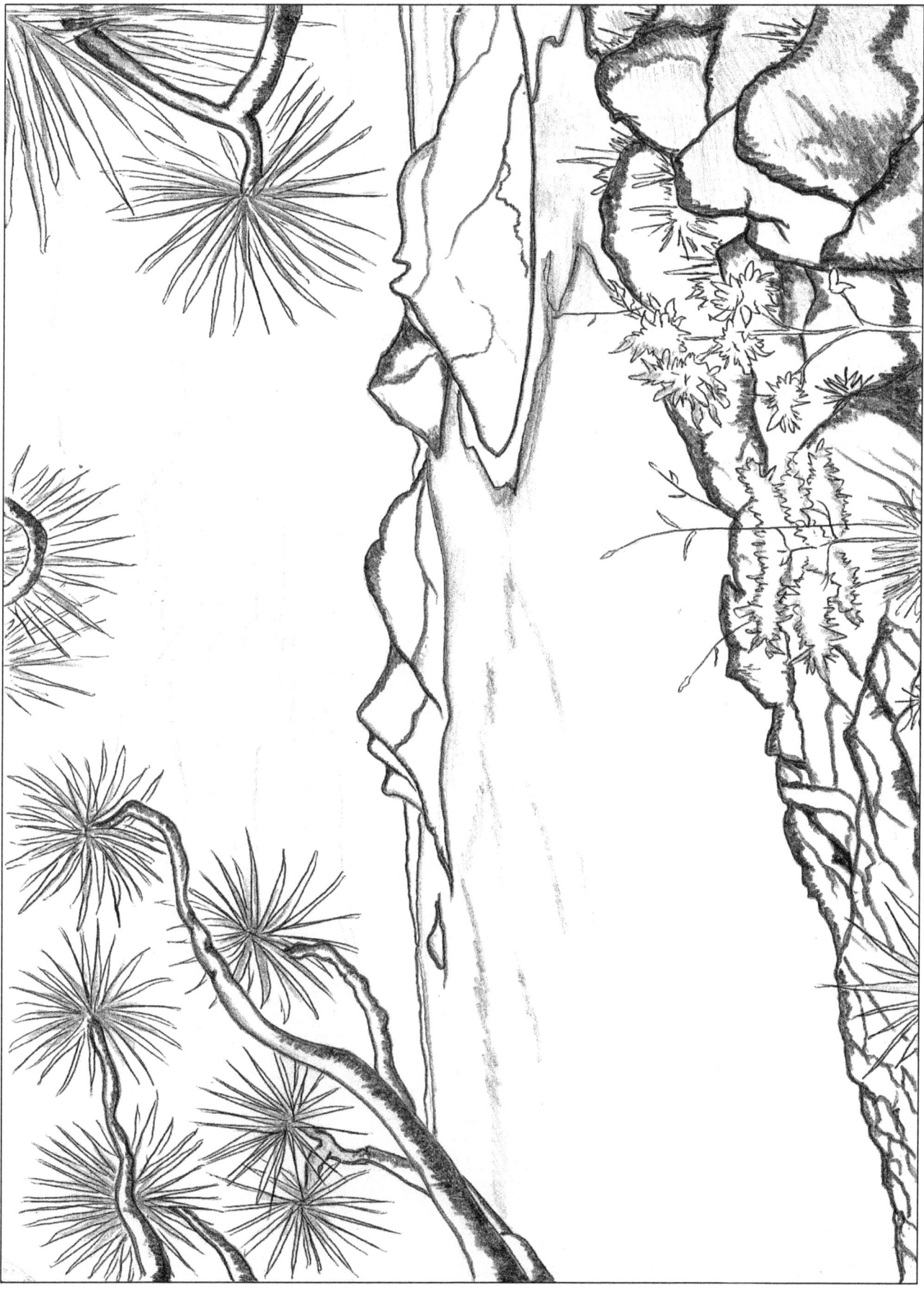

NOTE
Bohey Dulang Island,Semporna, Sabah

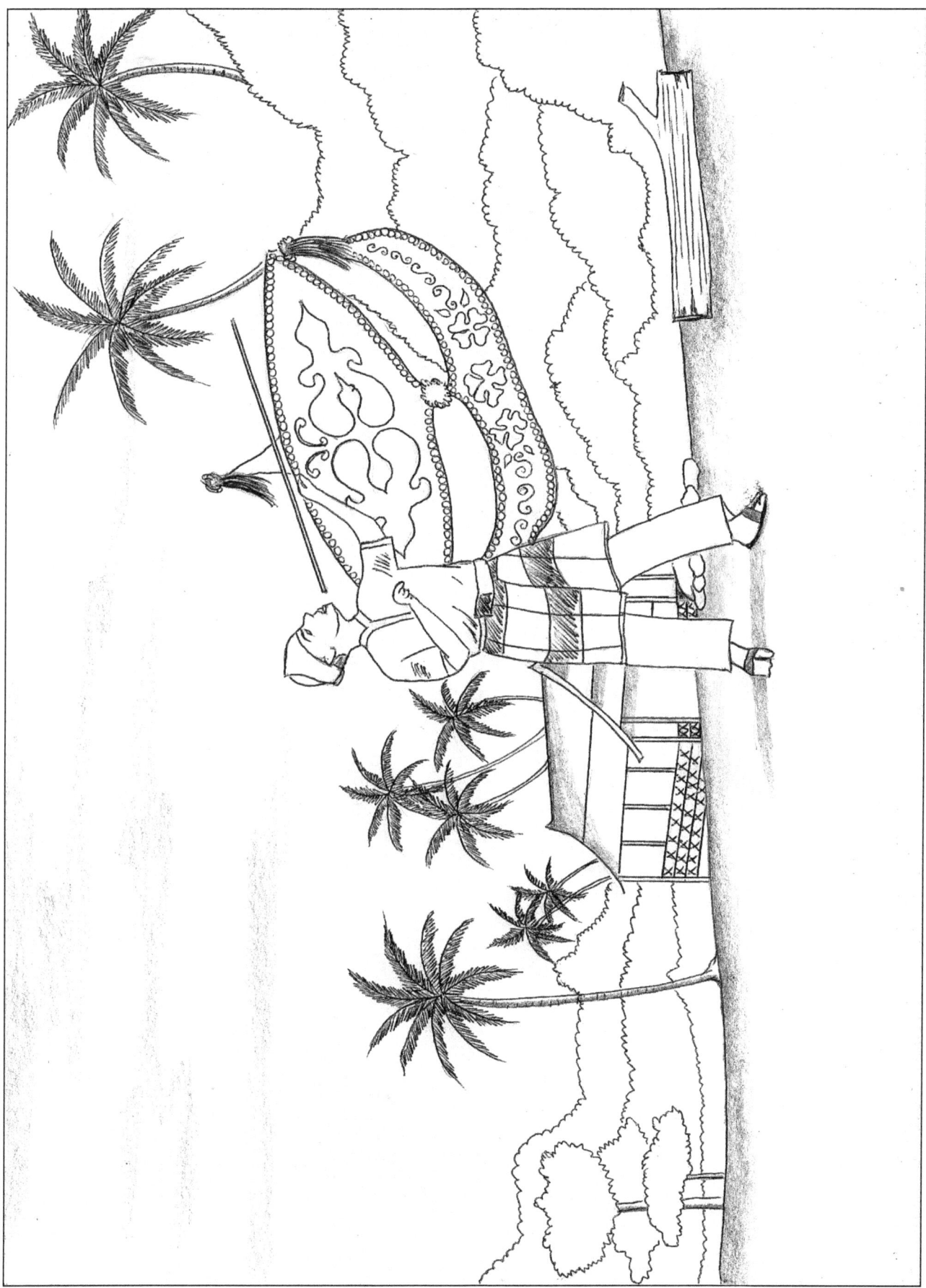

NOTE
Wau-Traditional Game, Kelantan

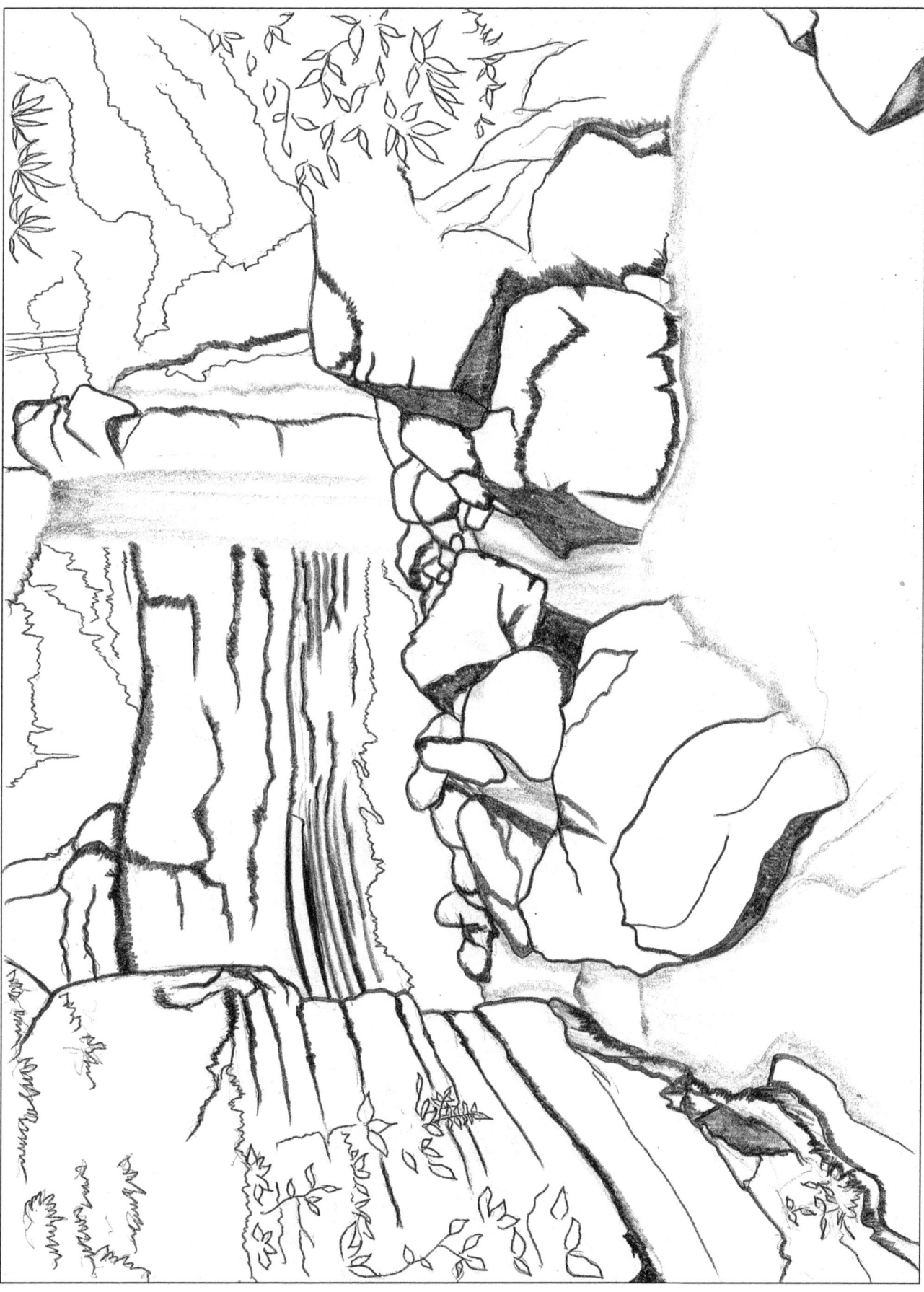

NOTE
Mahua Waterfall, Sabah

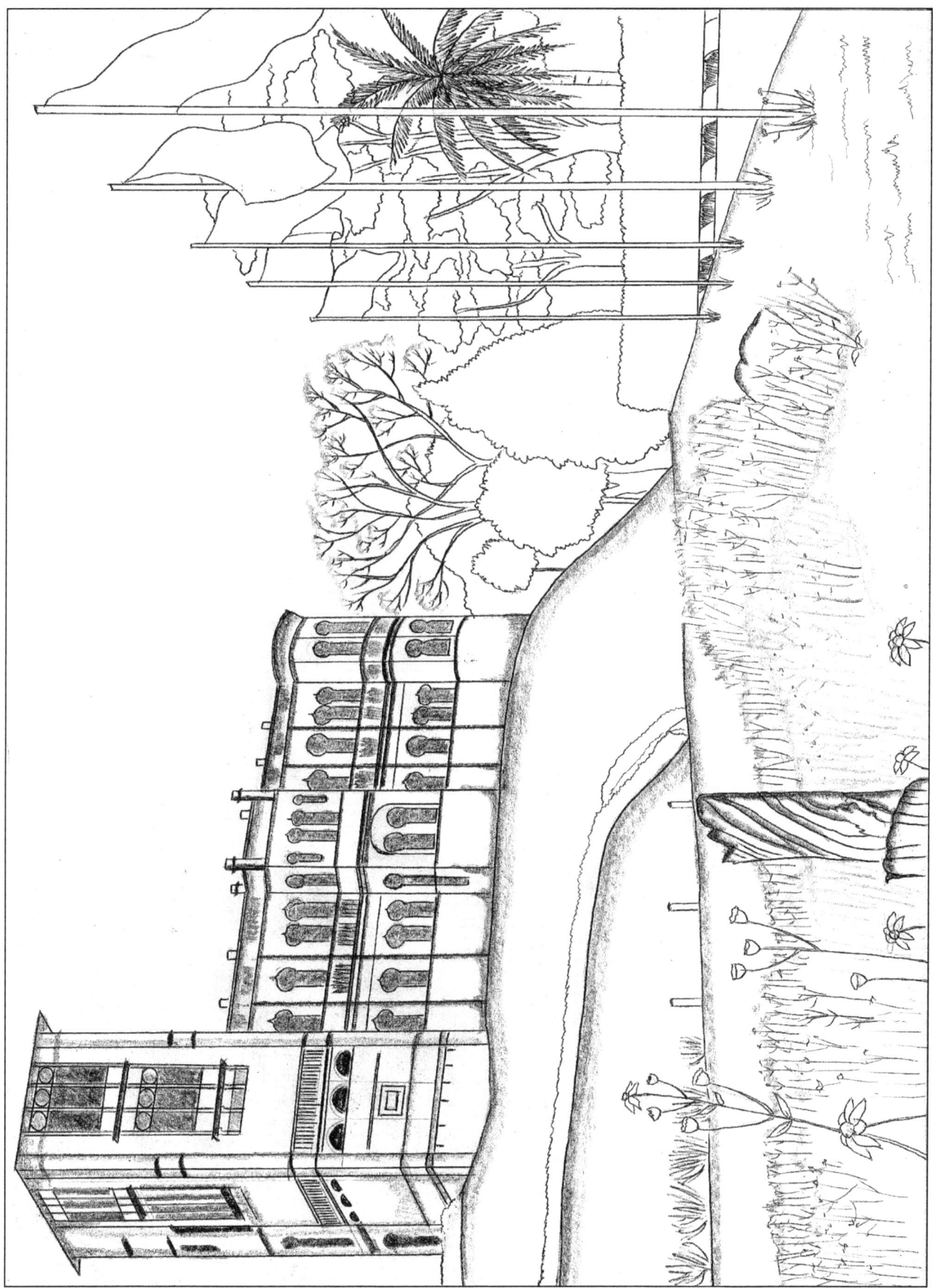

NOTE
Kellie's Castle, Perak

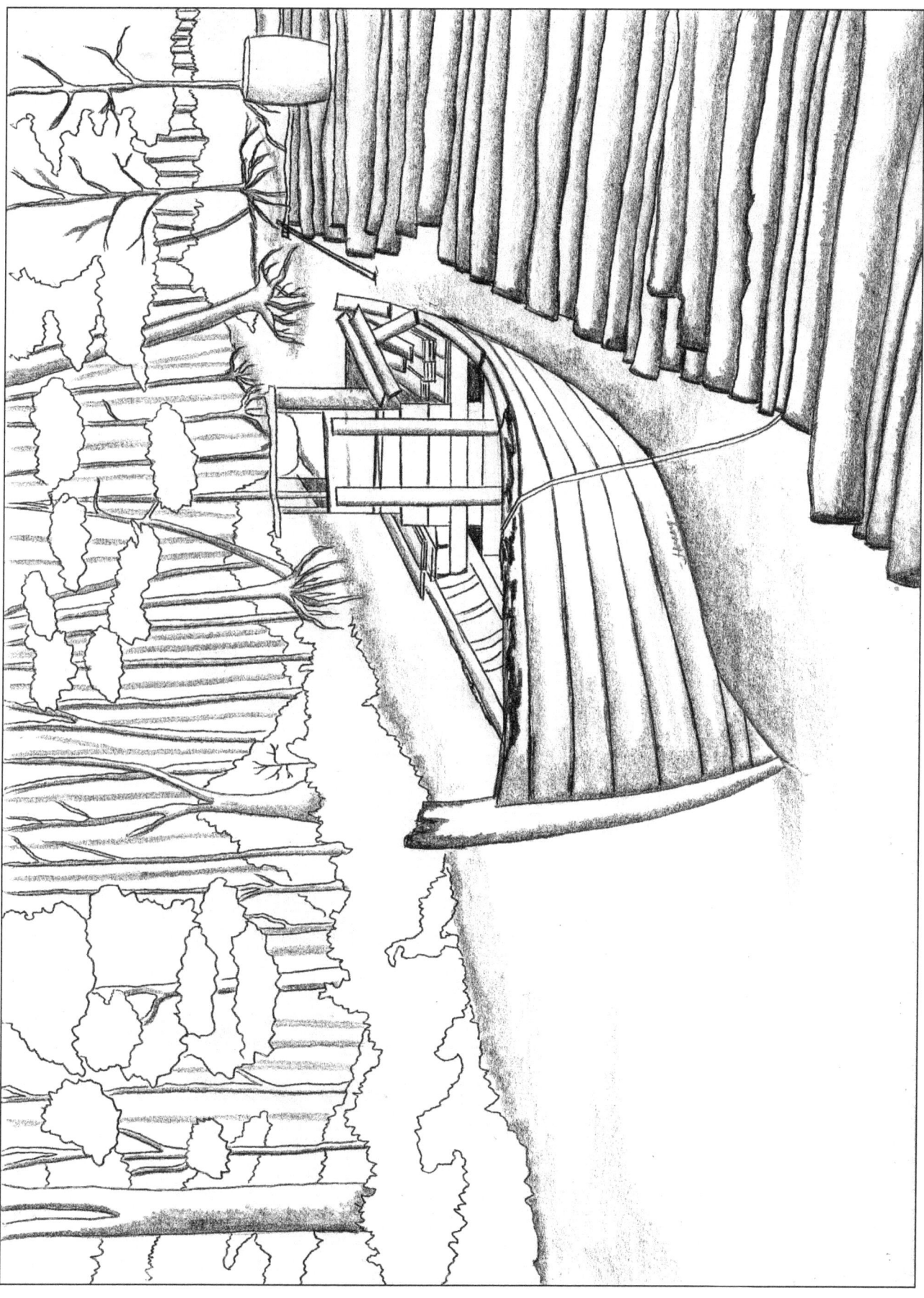

NOTE
Matang Mangrove Forest, Kuala Sepetang, Perak

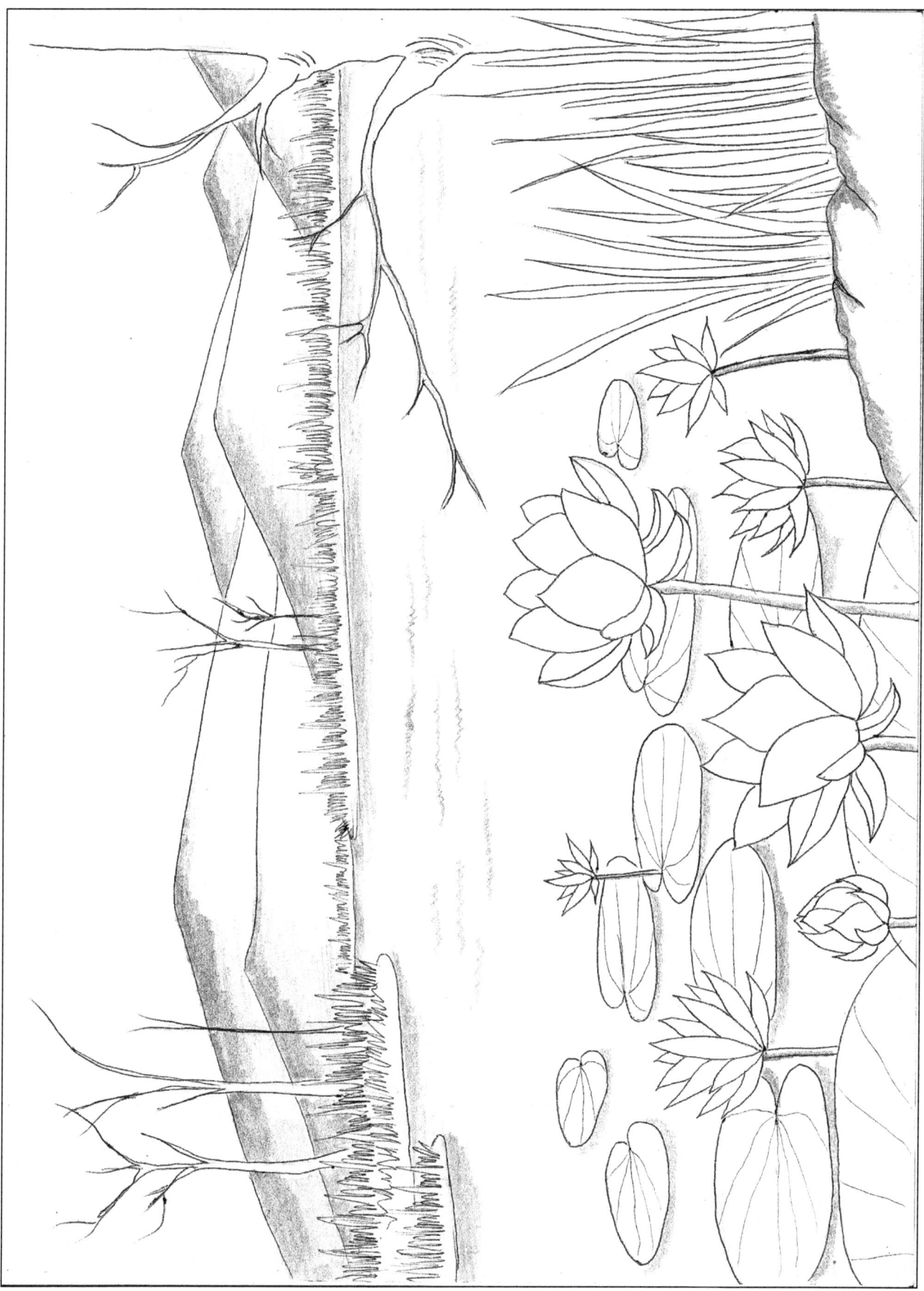

NOTE
Chini Lake, Pahang

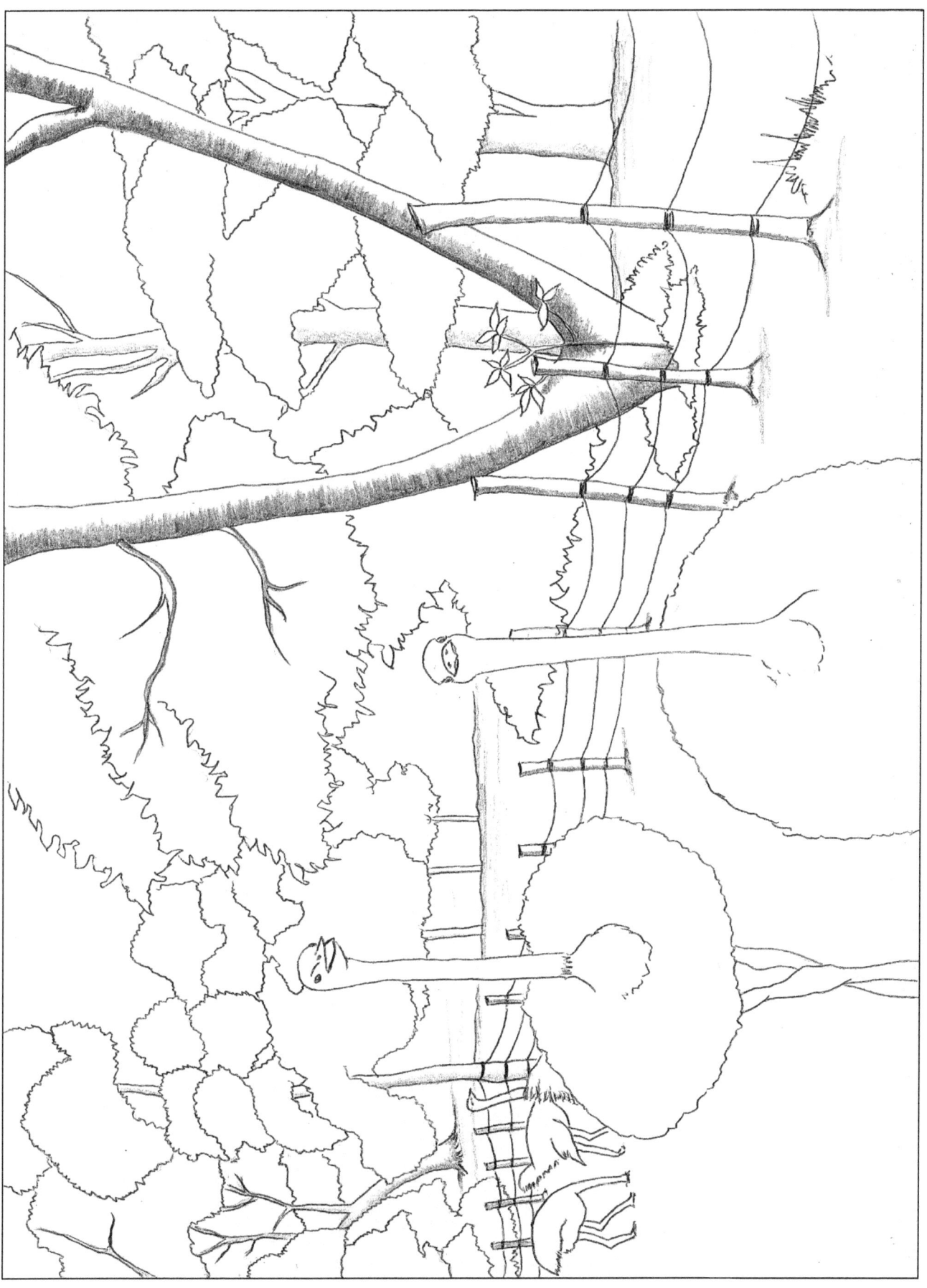

NOTE
Port Dickson Ostrich Farm, Port Dickson, Negeri Sembilan

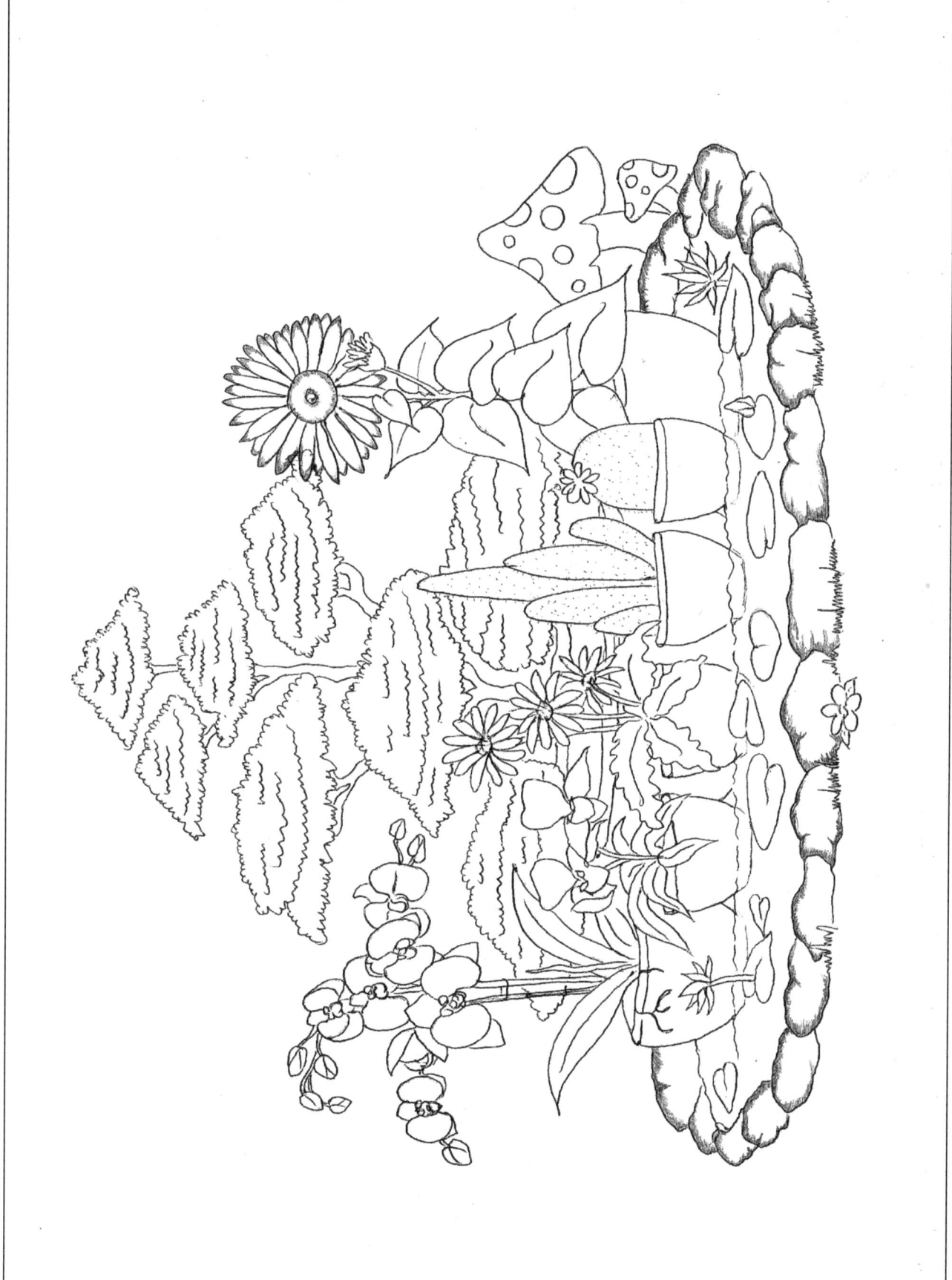

NOTE

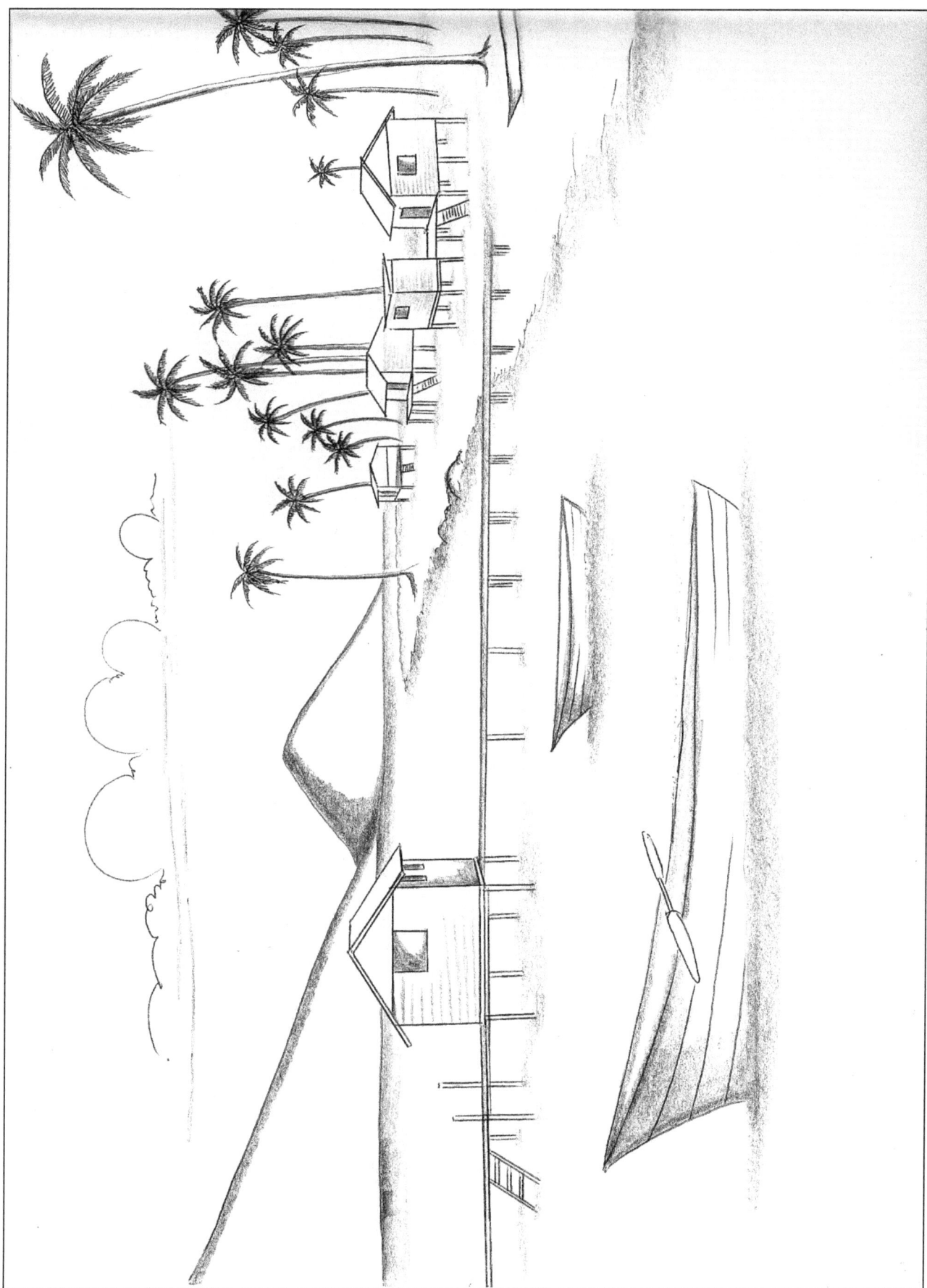

NOTE
Bajau Village, Sabah

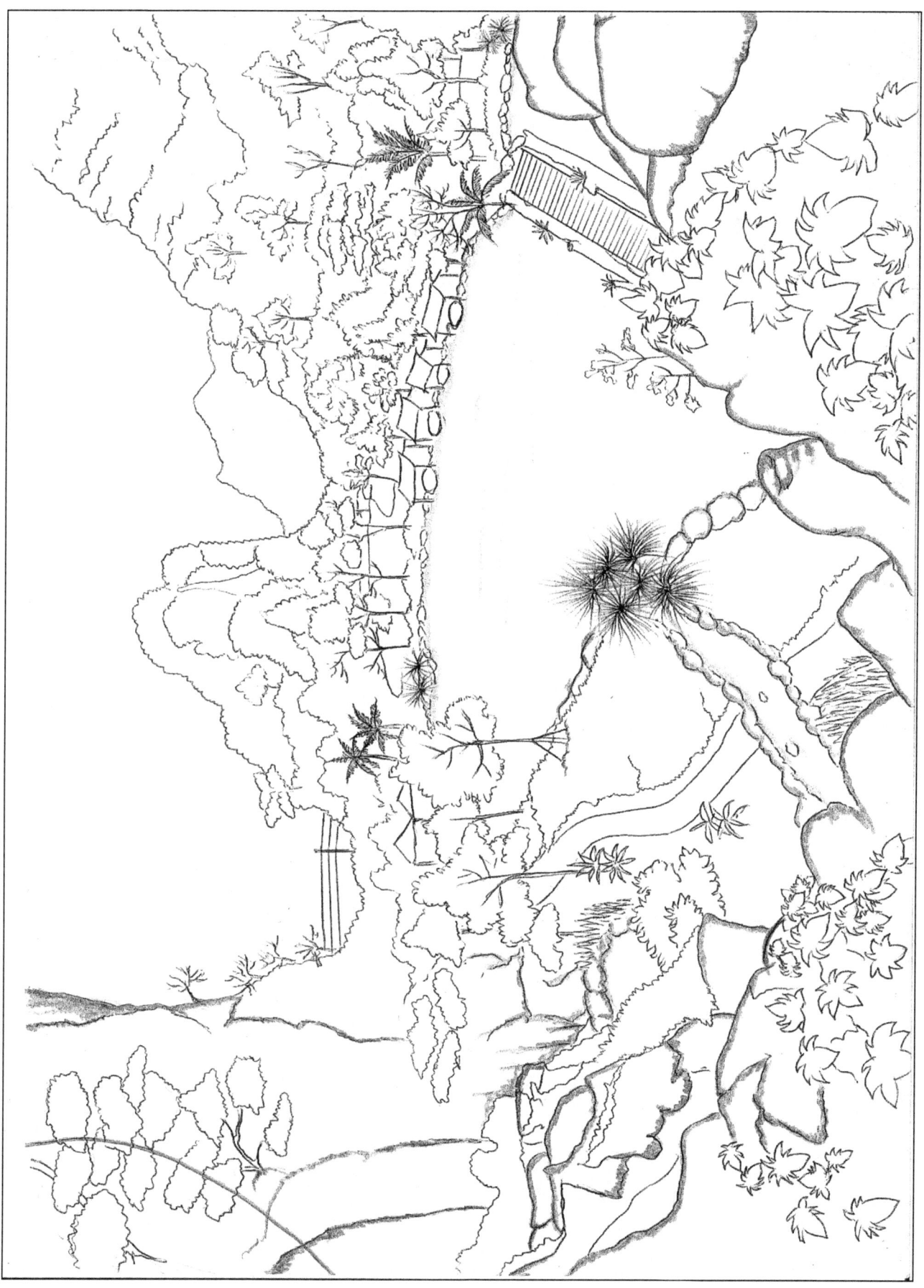

NOTE

The Banjaran Hotspring Retreat, Ipoh, Perak

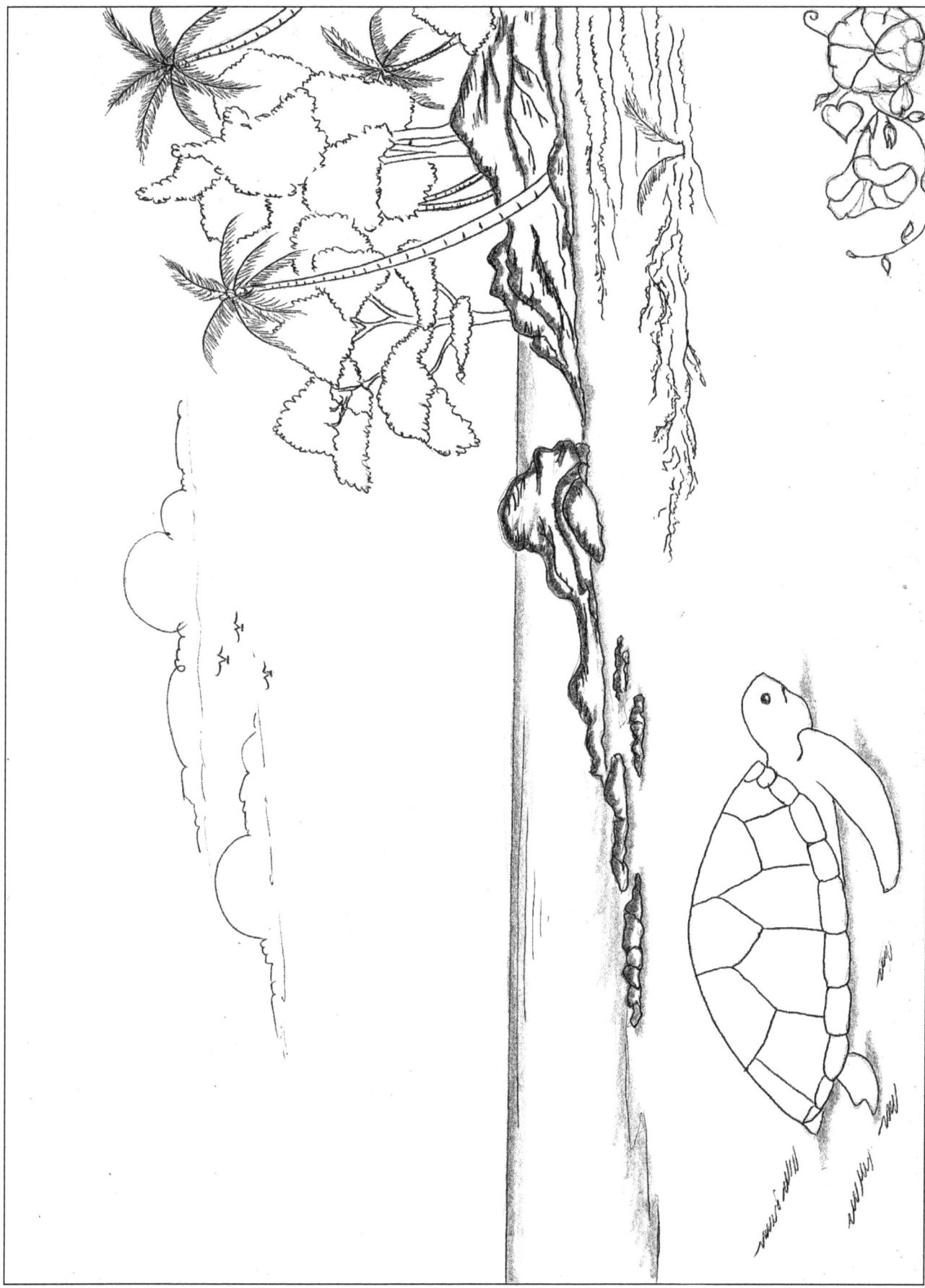

NOTE
Rantau Abang, Terengganu

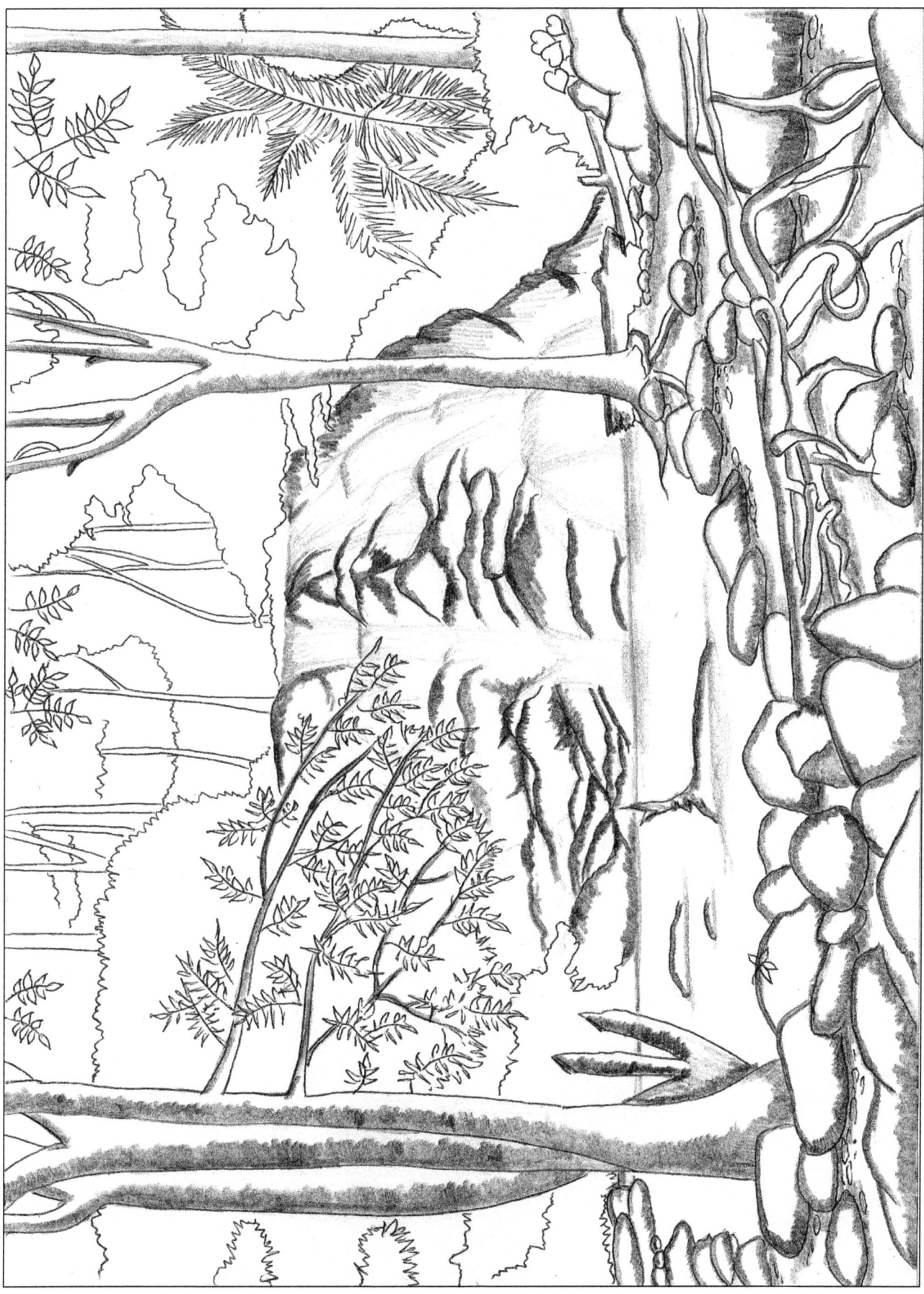

NOTE
Kanching Waterfall, Selangor

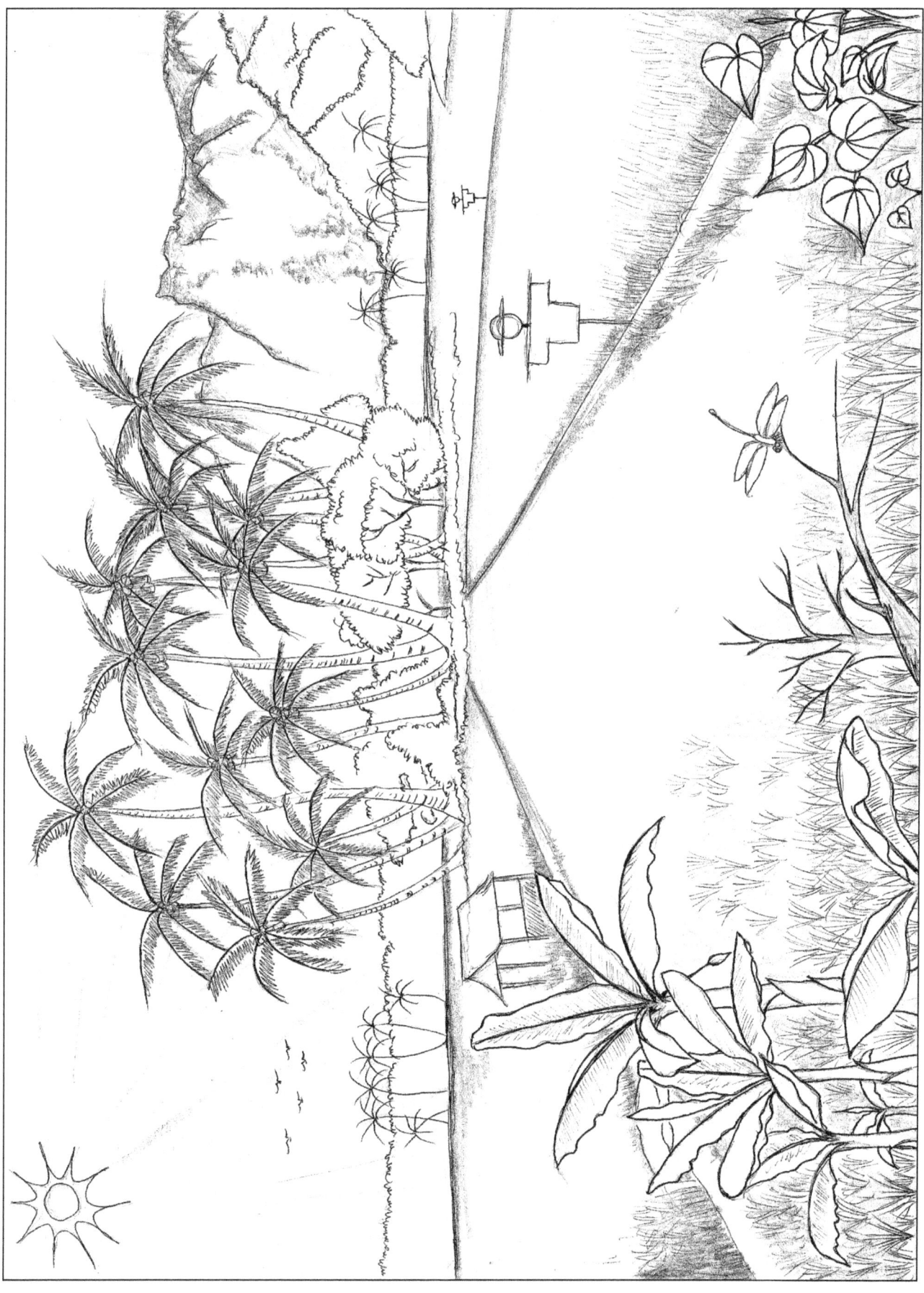

NOTE
Rice Field, Langkawi, Kedah

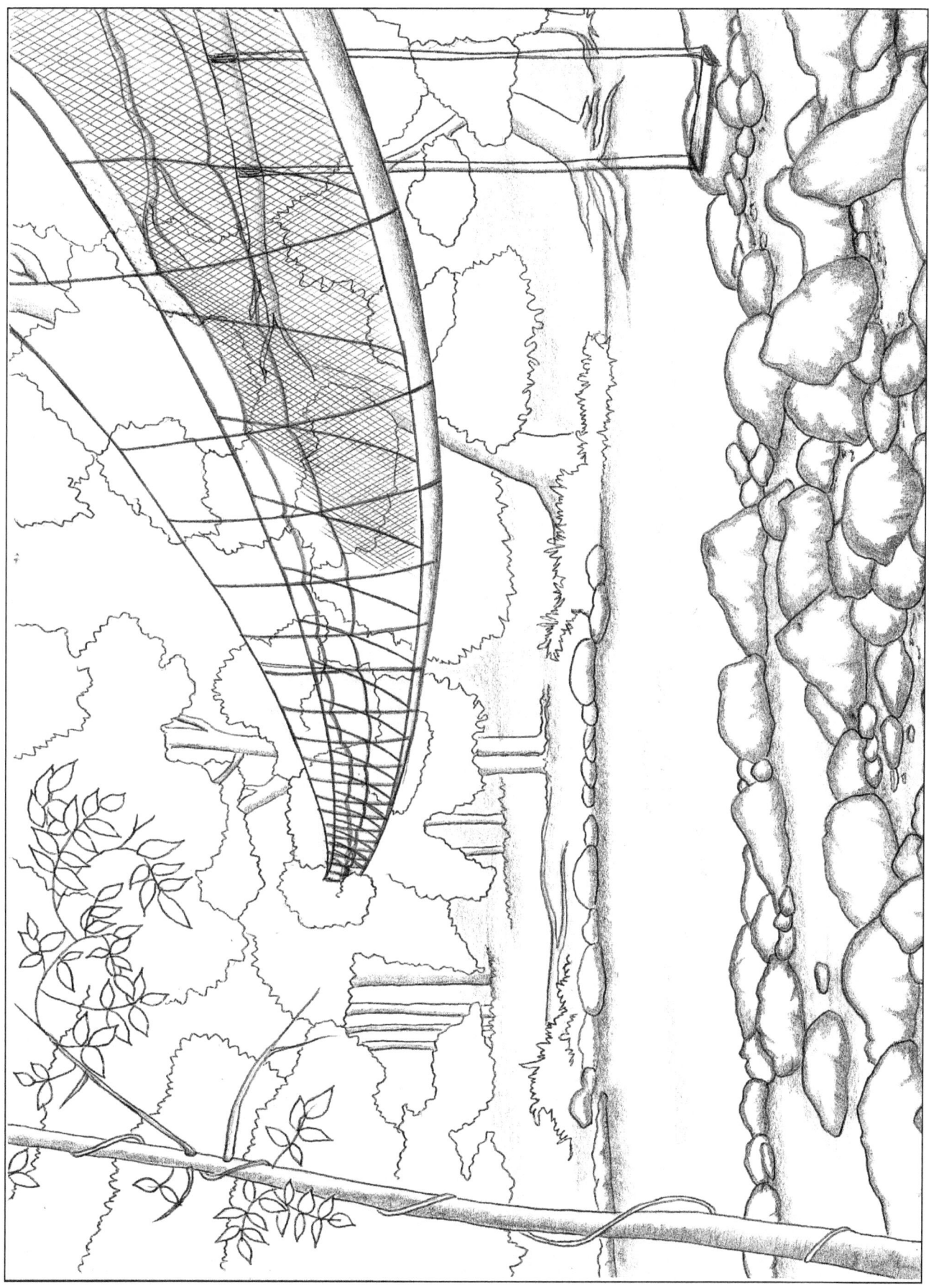

NOTE
Endau-Rompin National Park, Johore

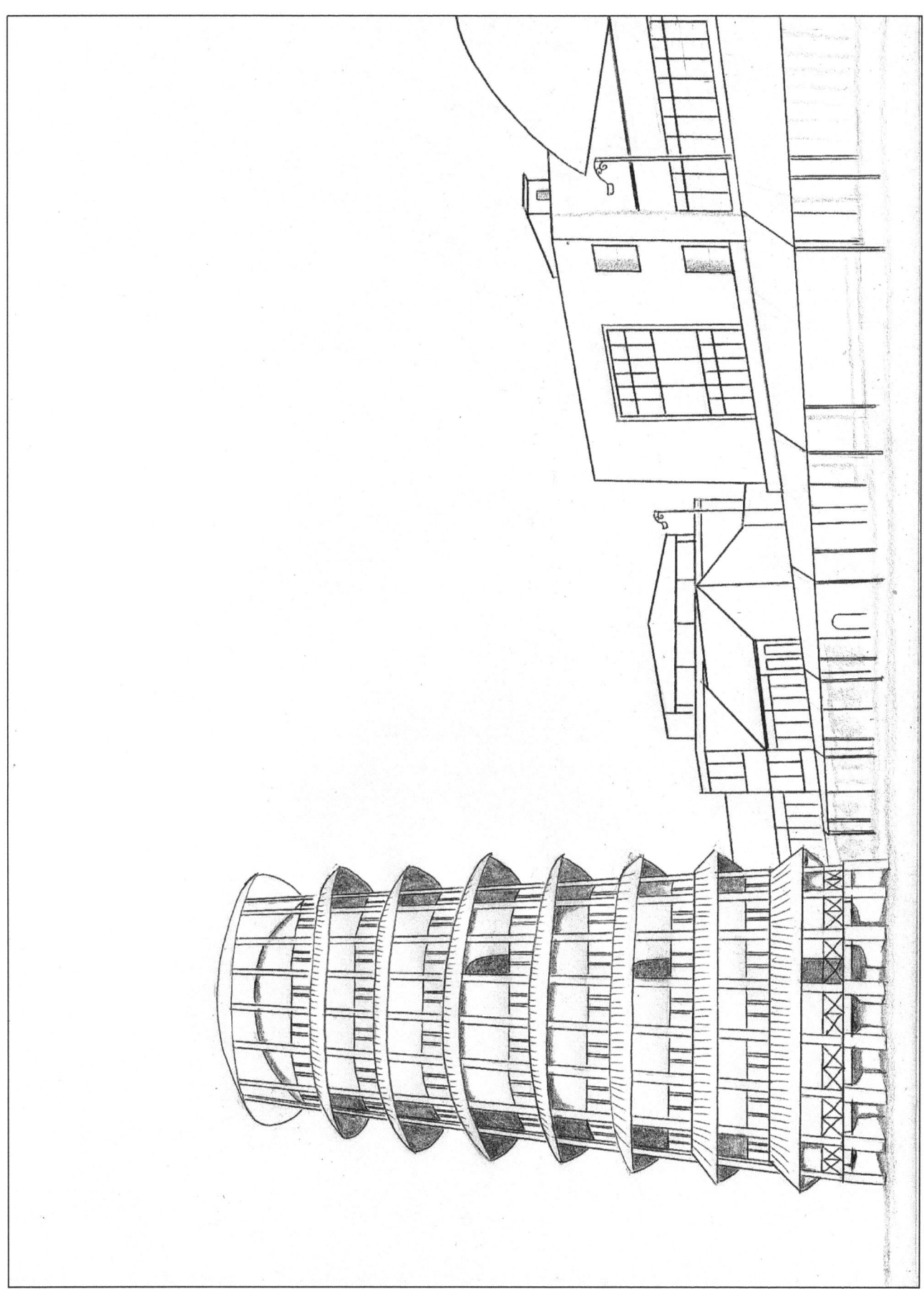

NOTE
Teluk Intan Leaning Tower, Teluk Intan, Perak

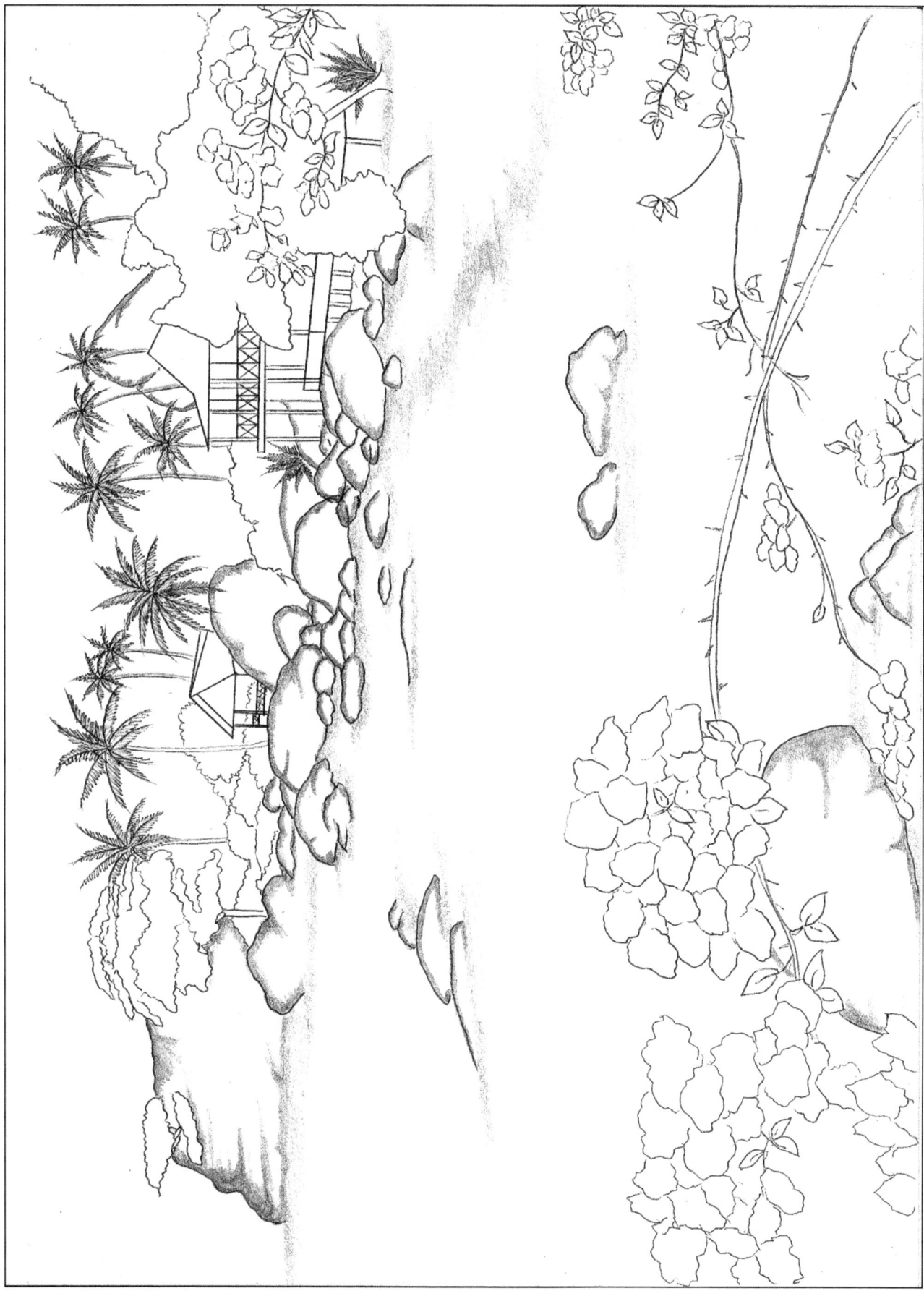

NOTE
Minang Cove, Tioman Island, Pahang

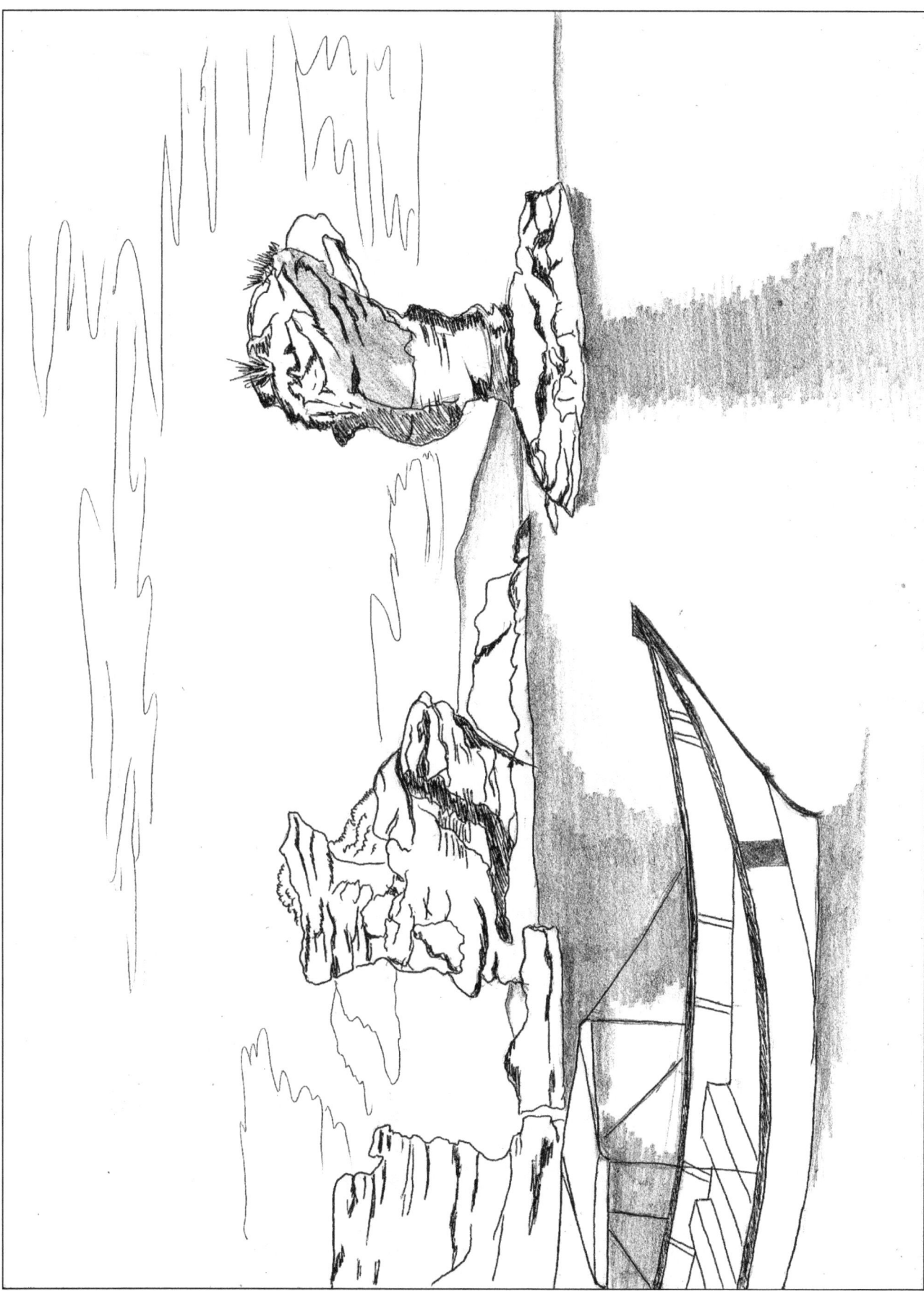

NOTE
Bako National Park, Sarawak

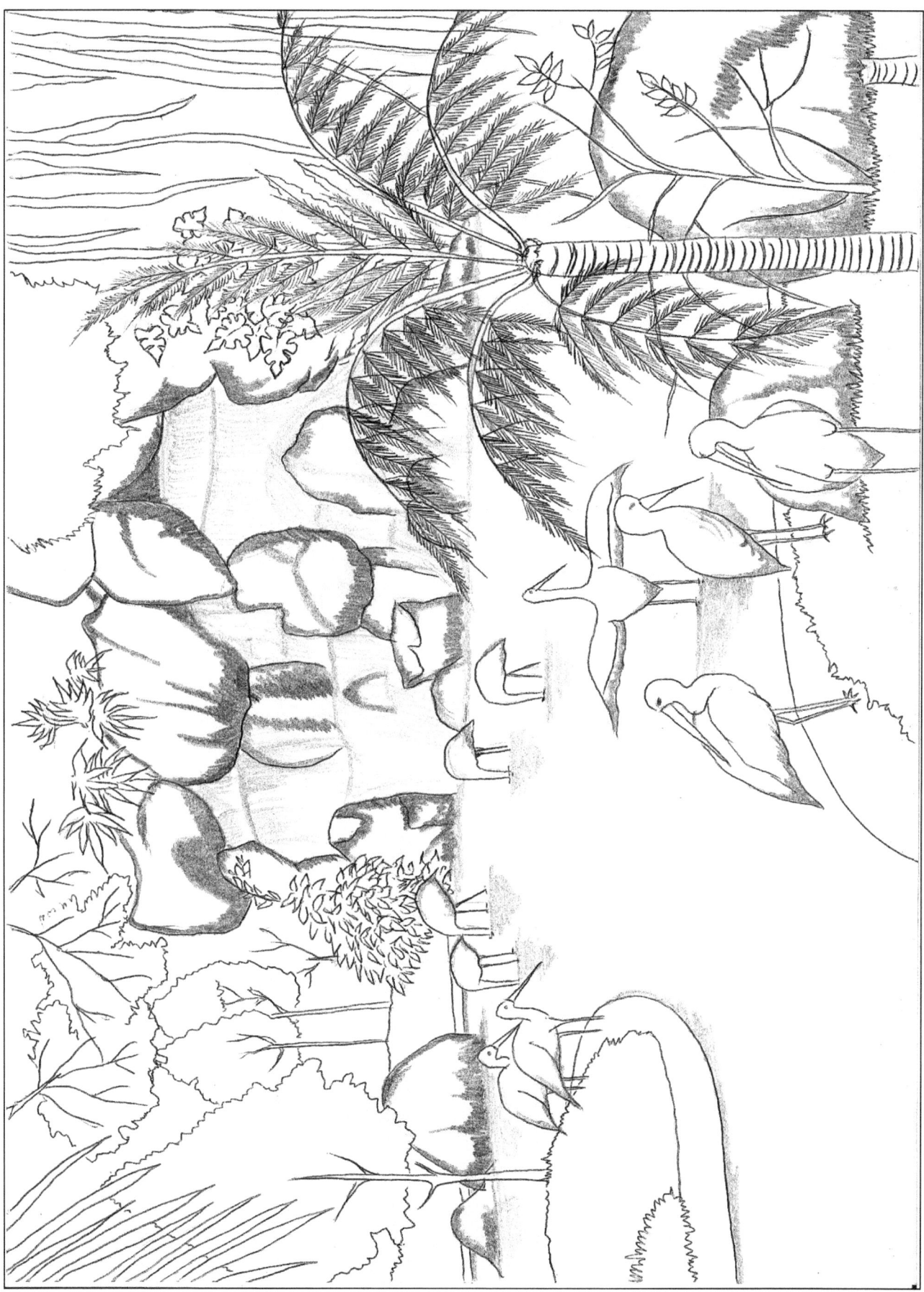

NOTE
Kuala Lumpur Bird Park, Kuala Lumpur

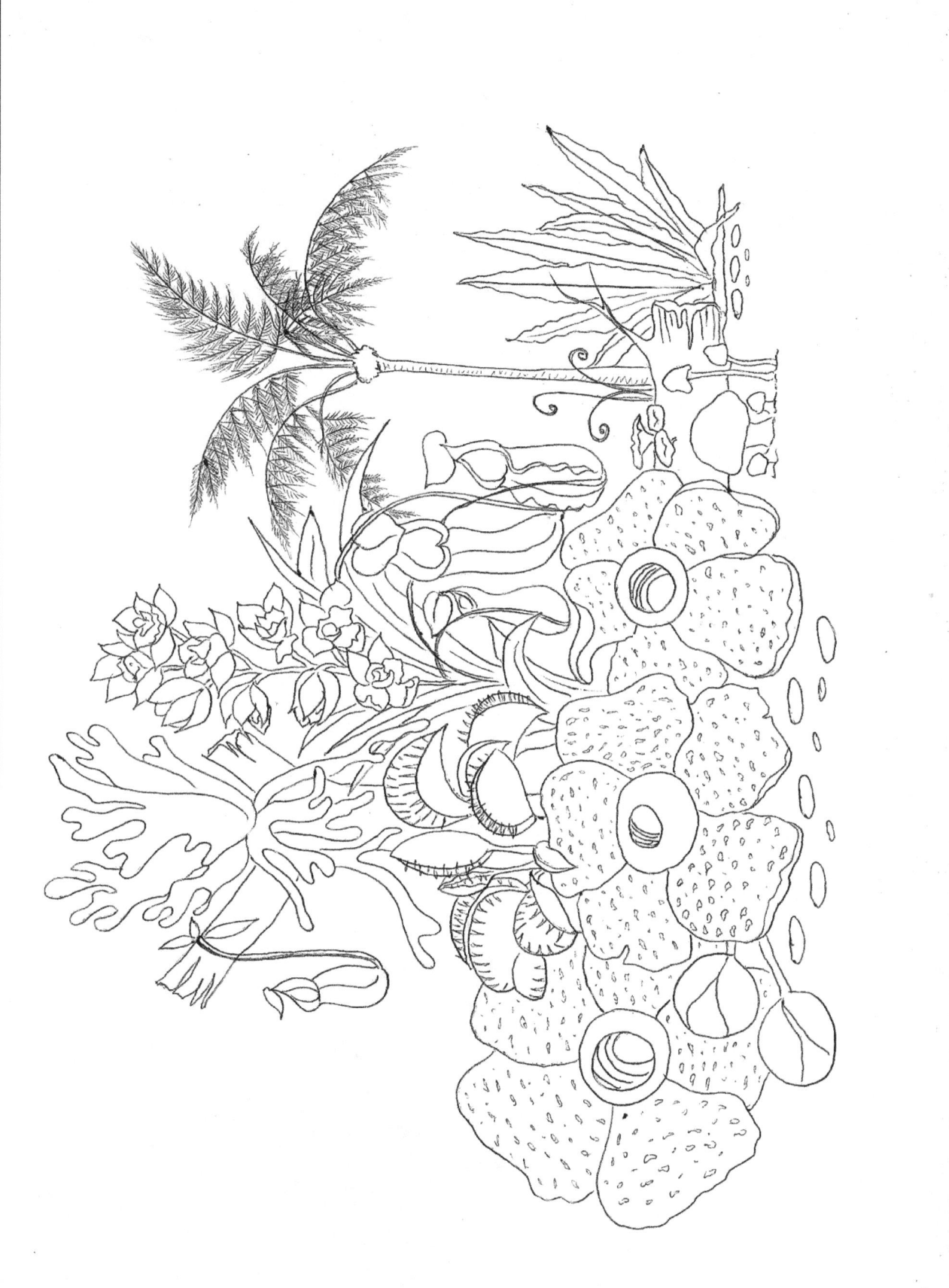

NOTE

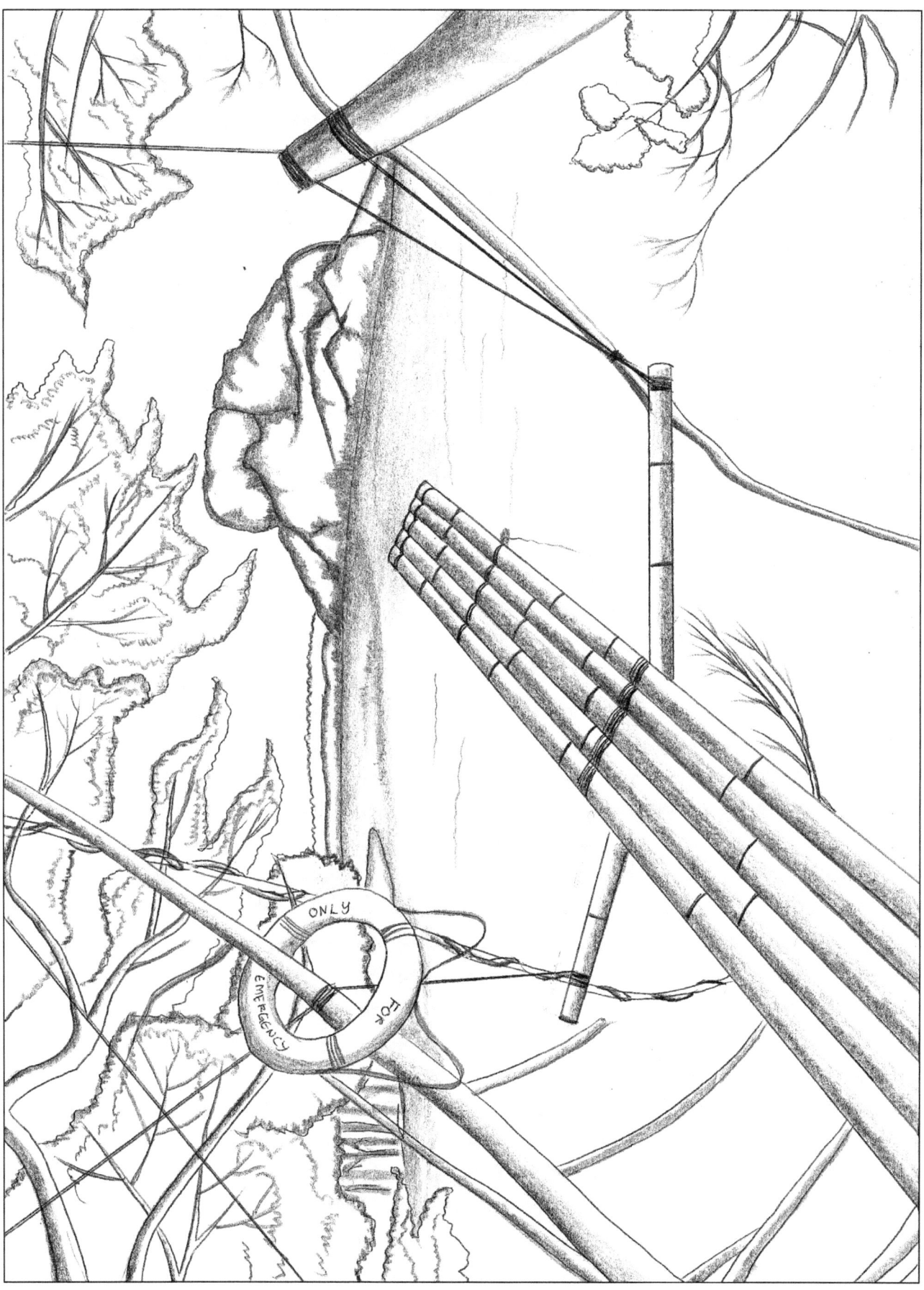

NOTE
Tadom Hill Resort, Banting, Selangor

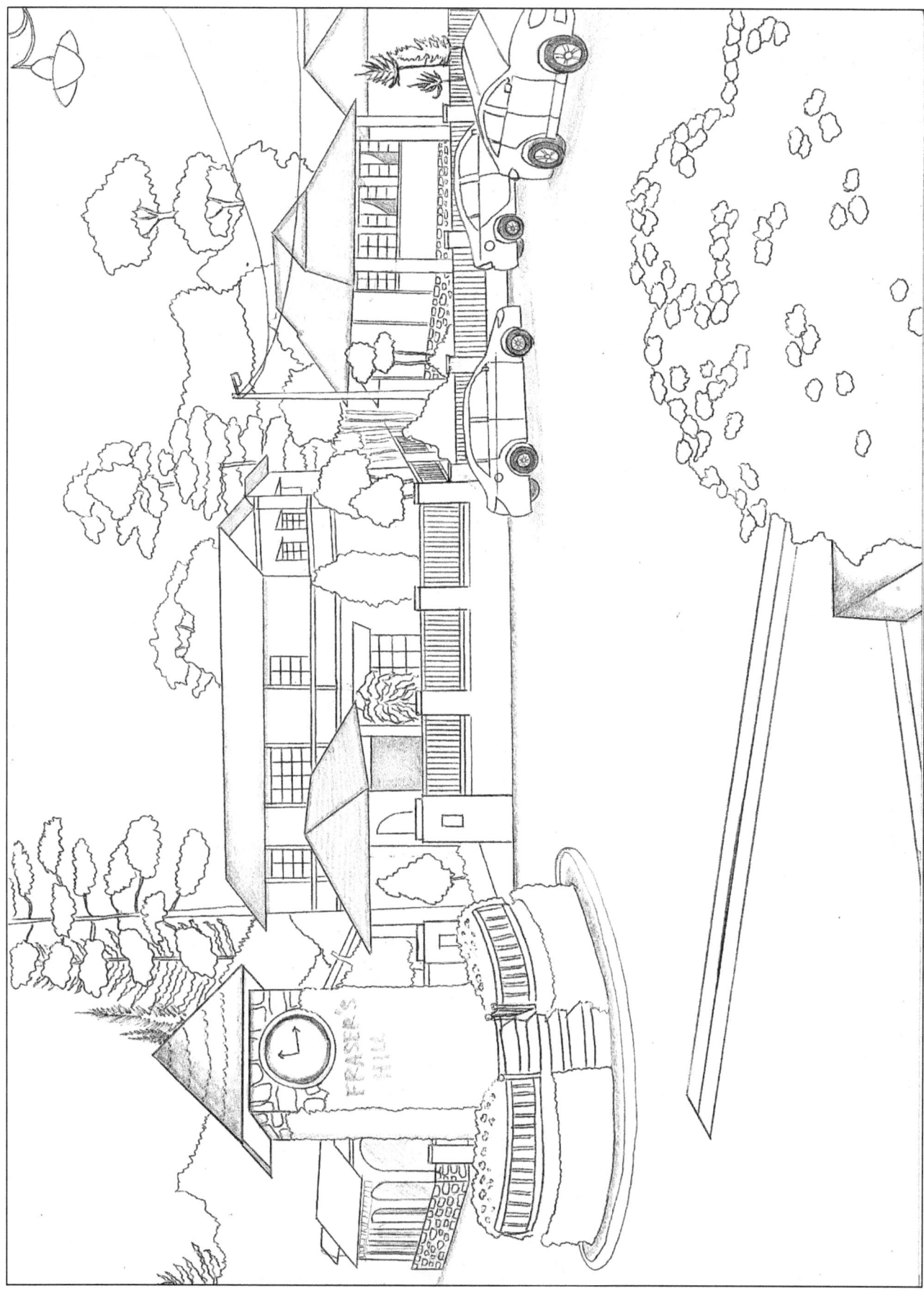

NOTE
Fraser's Hill, Pahang

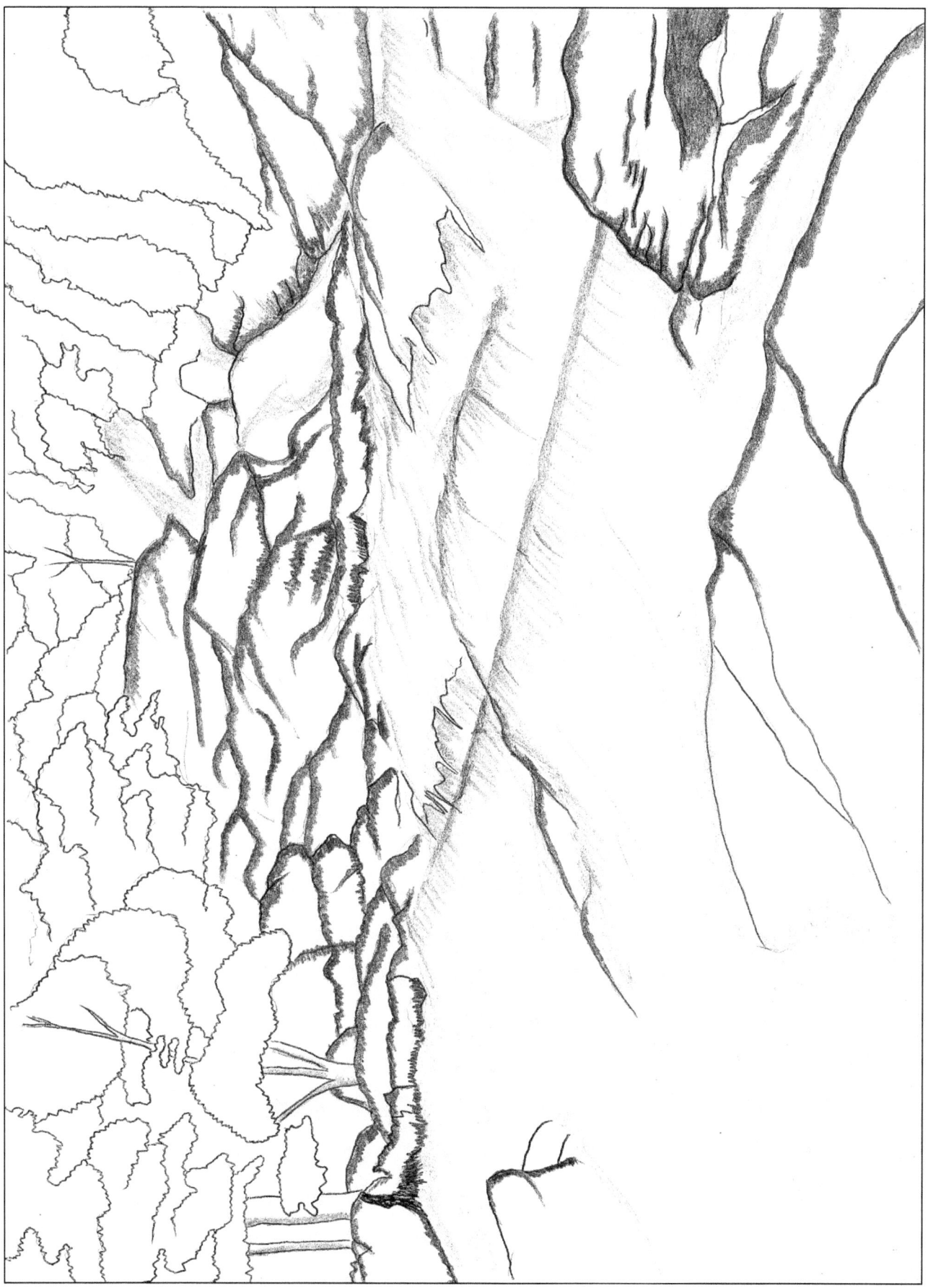

NOTE
Chamang Waterfall, Pahang

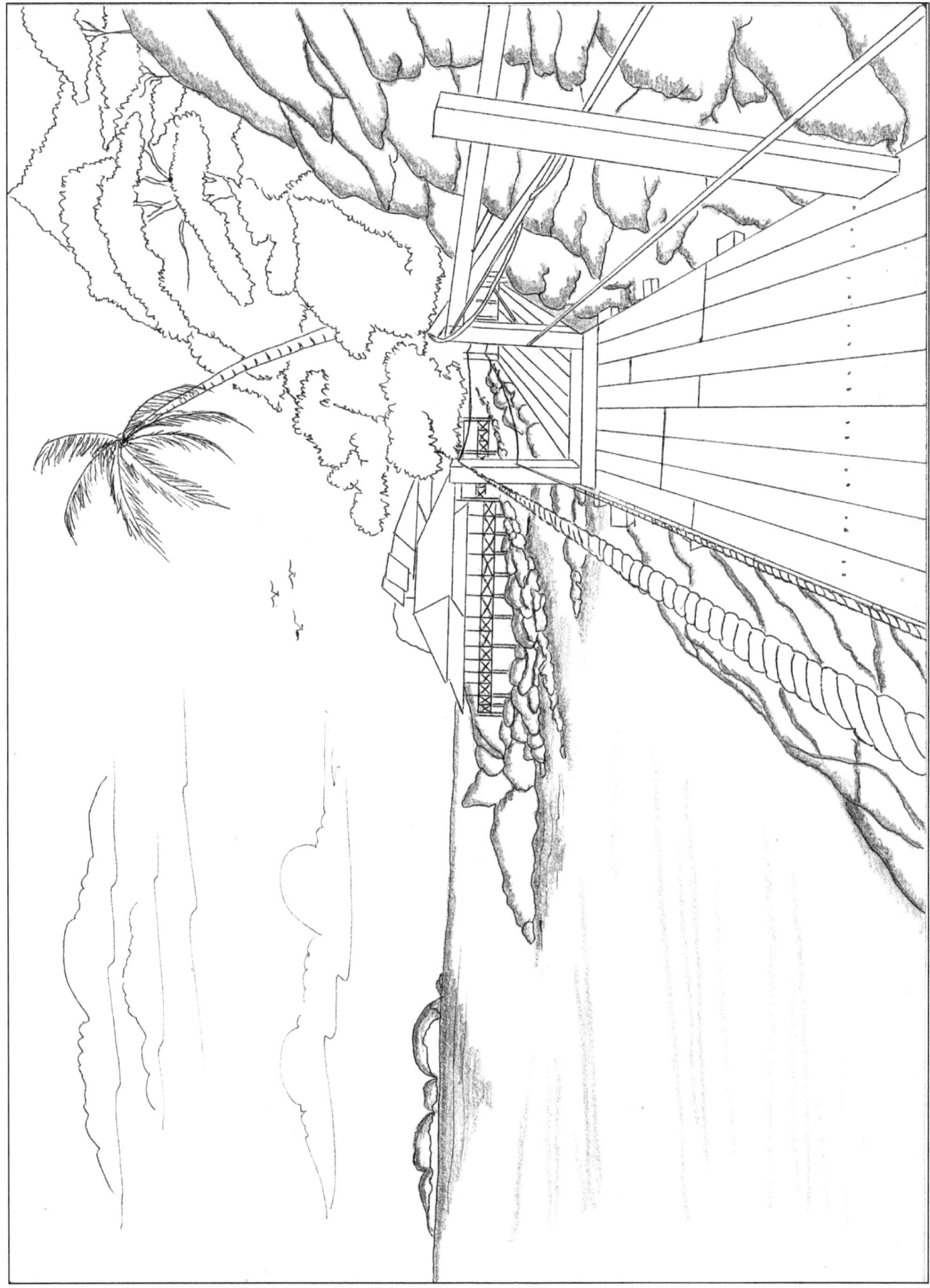

NOTE
Redang Island, Terengganu

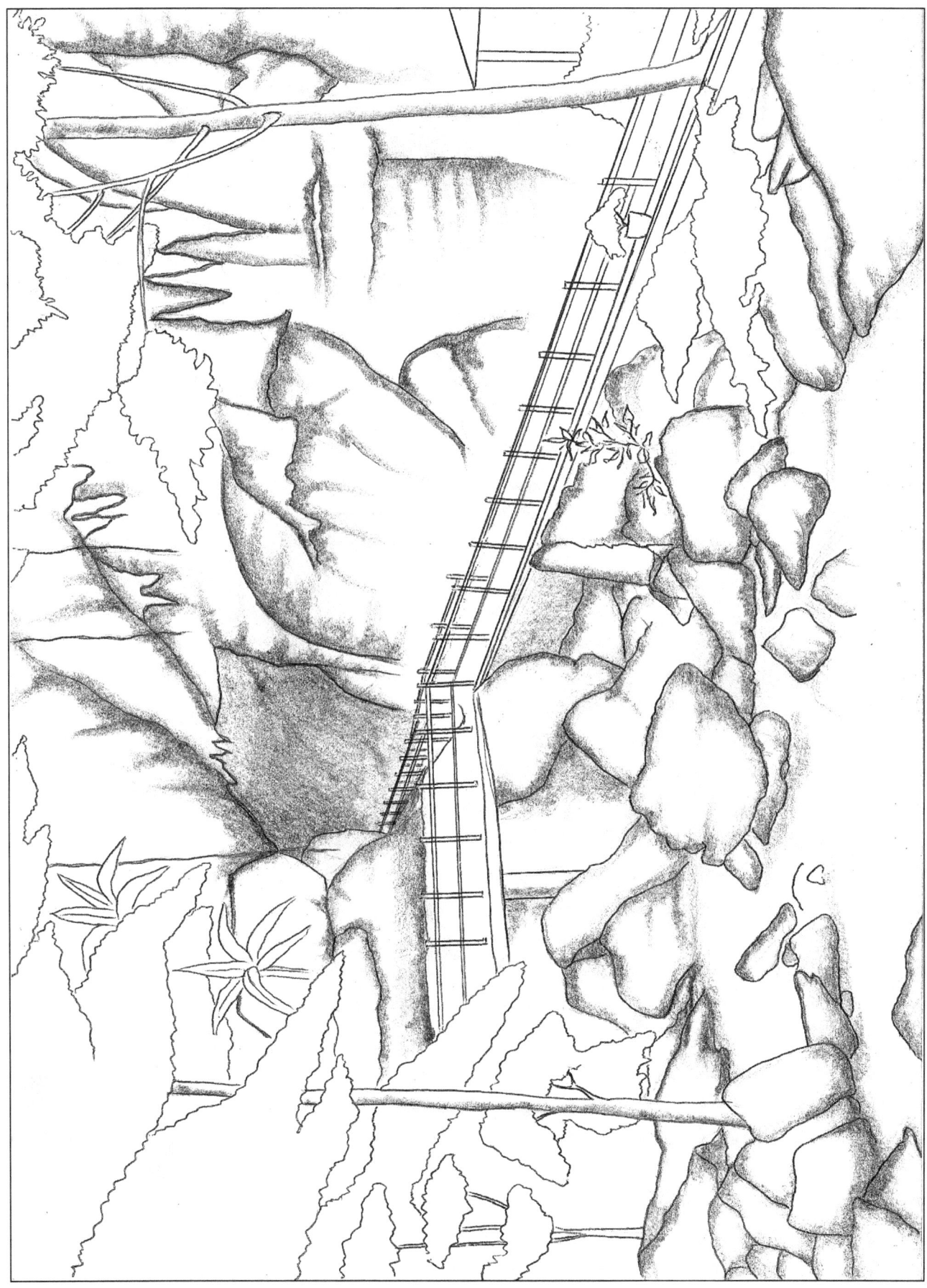

NOTE
Kelam Cave, Perlis

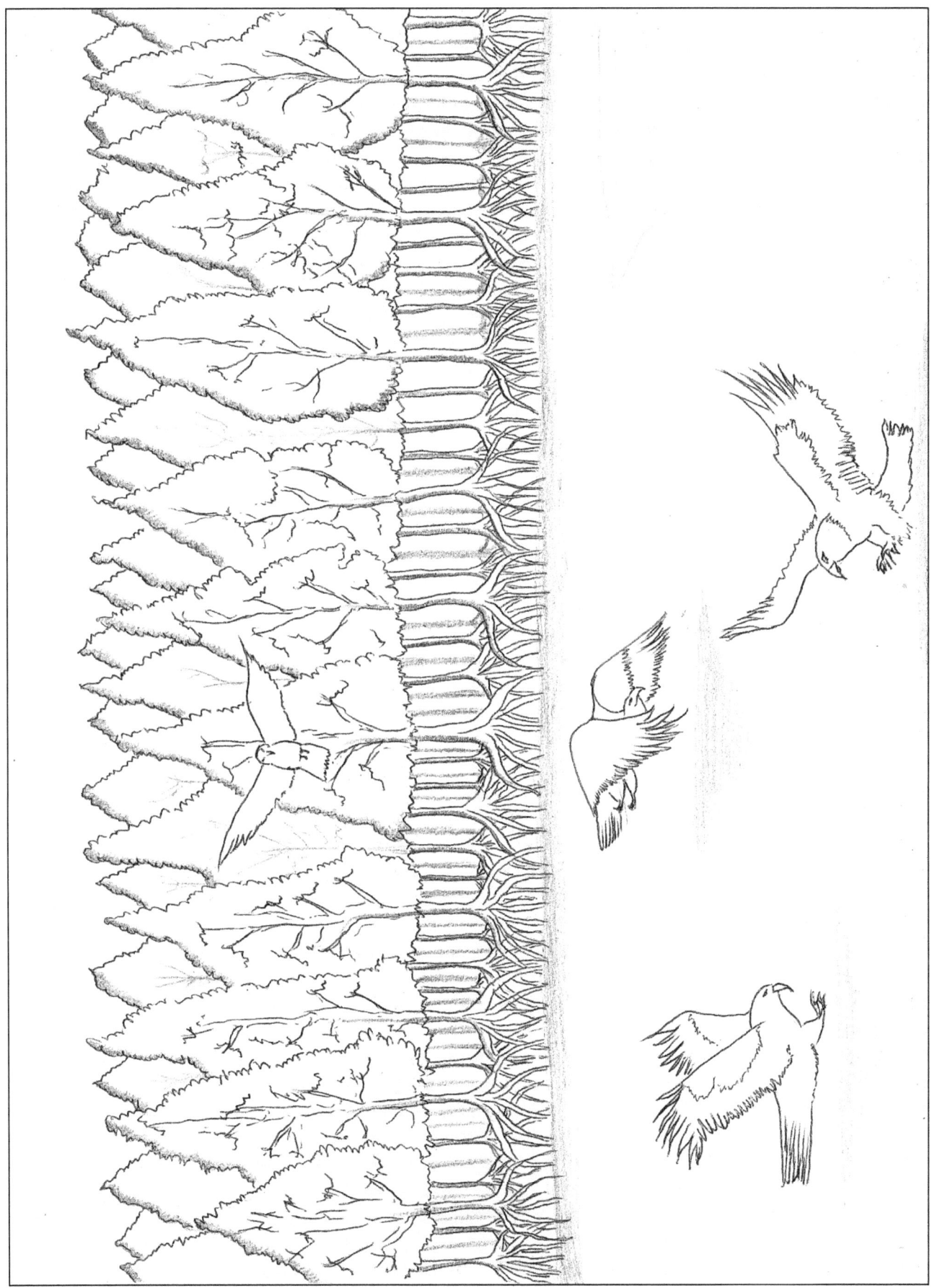

NOTE
Kilim Mangrove Forest, Langkawi, Kedah

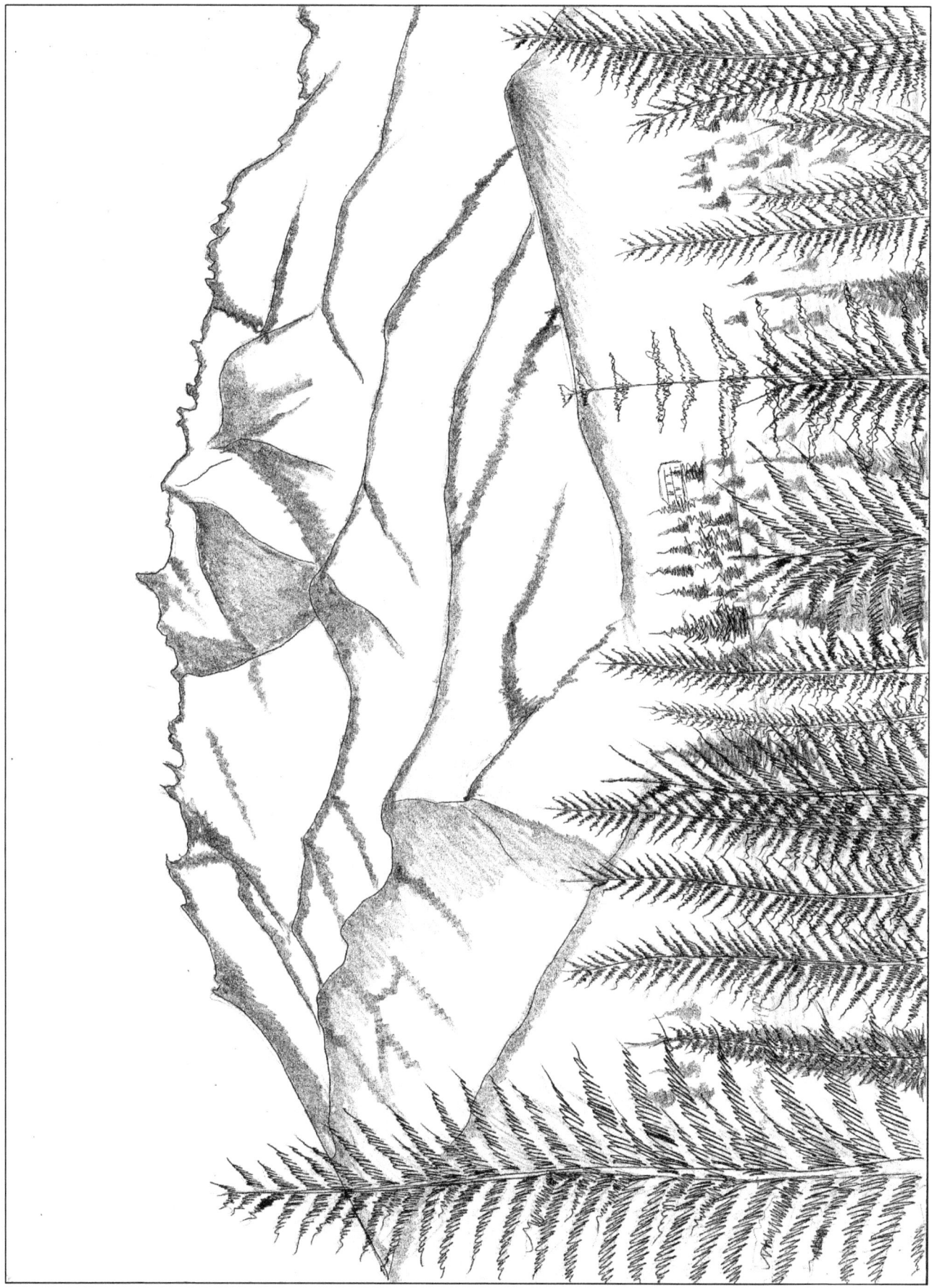

NOTE
Kinabalu Mountain, Sabah

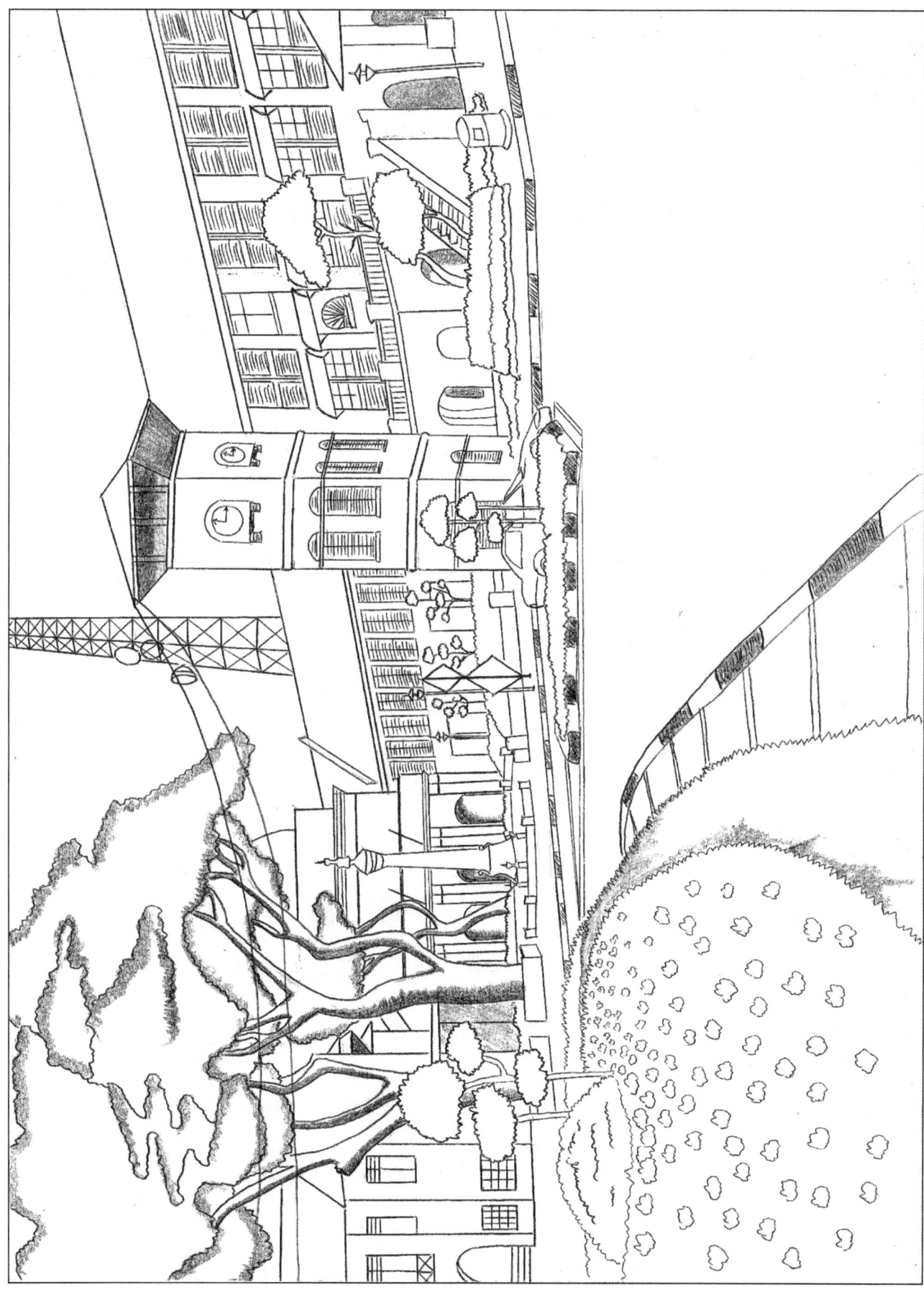

NOTE
The Stadhuys, Malacca

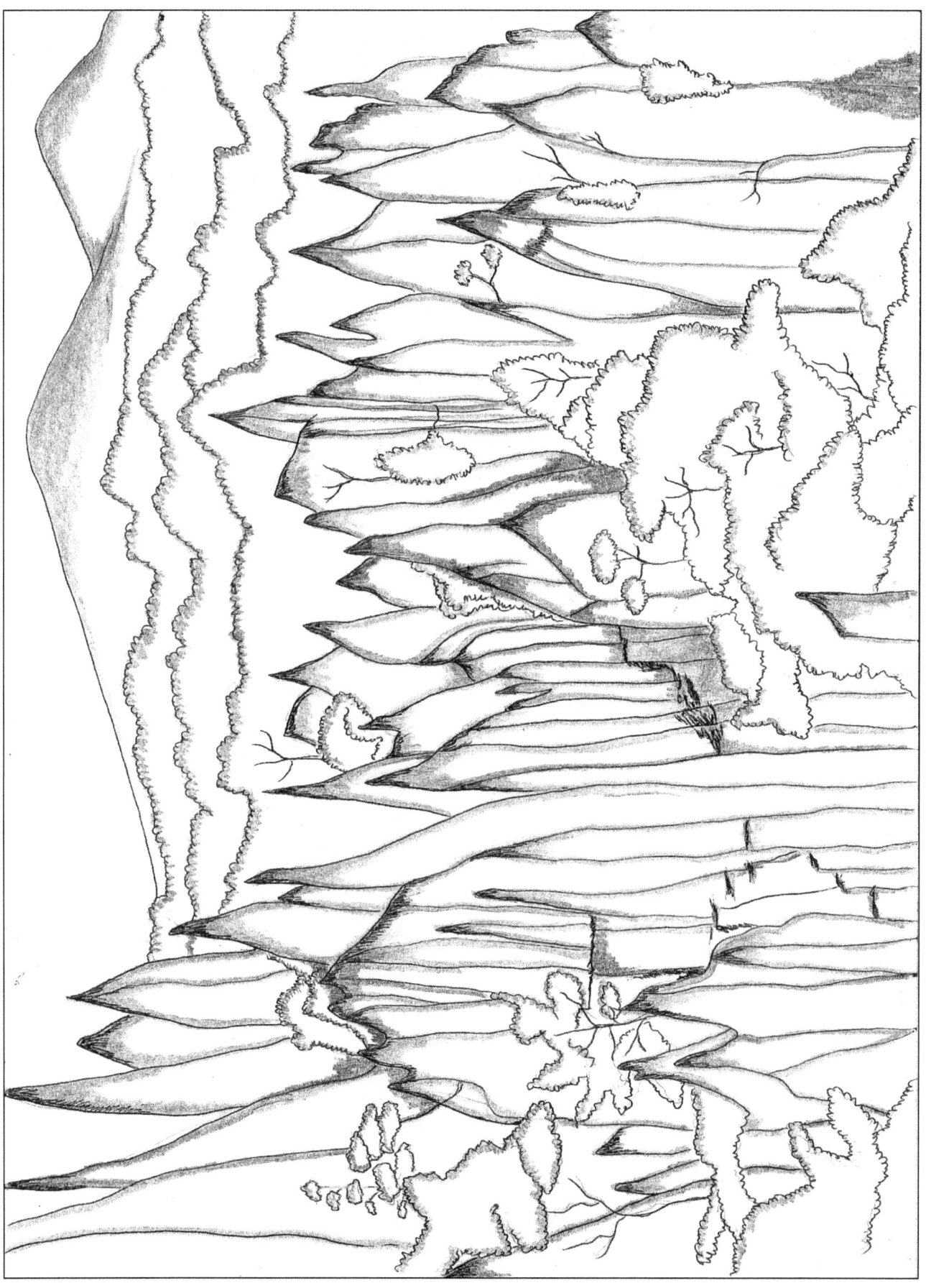

NOTE
The Pinnacles Mulu National Park, Sarawak

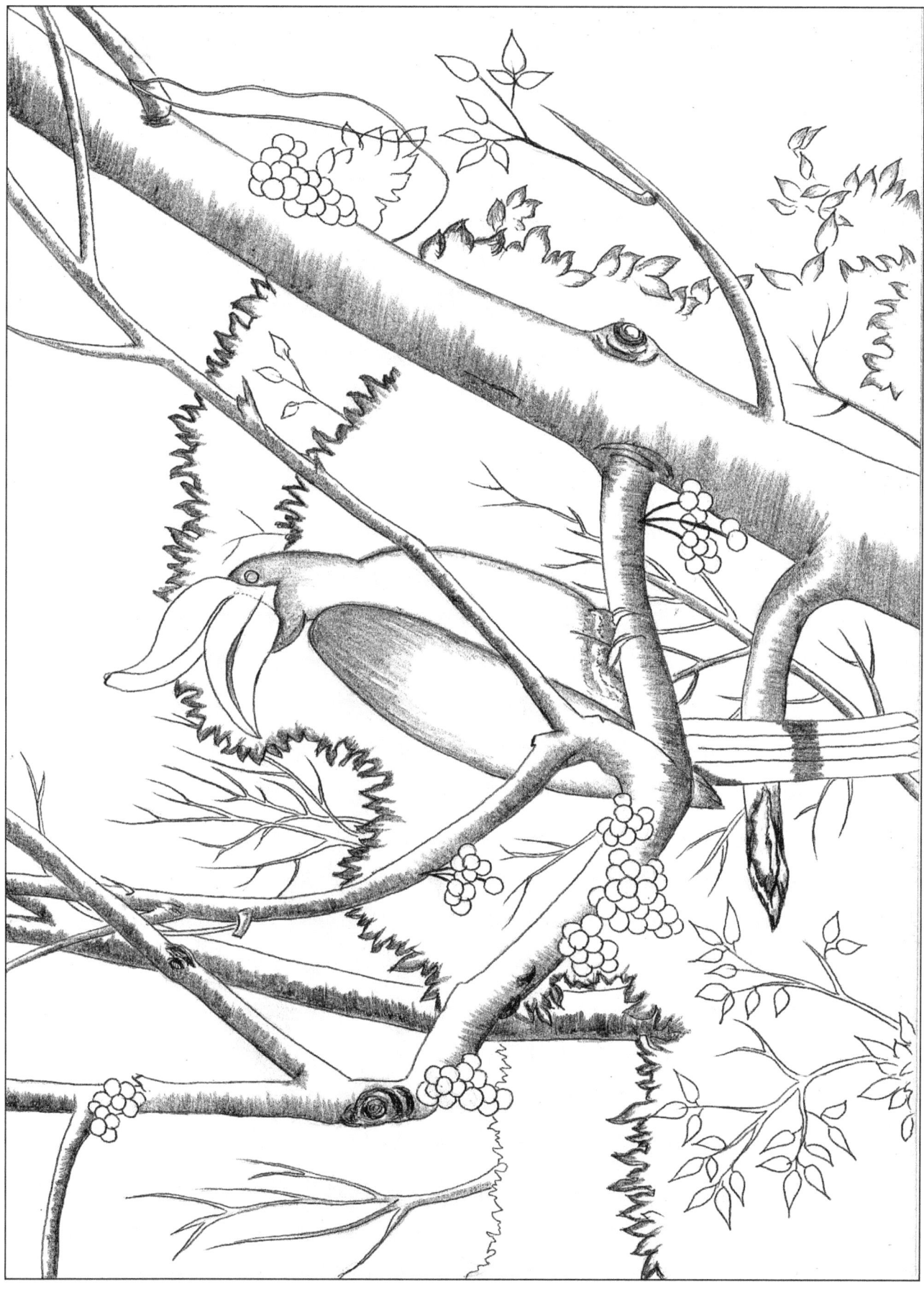

NOTE
Tabin Wildlife Reserve, Sabah

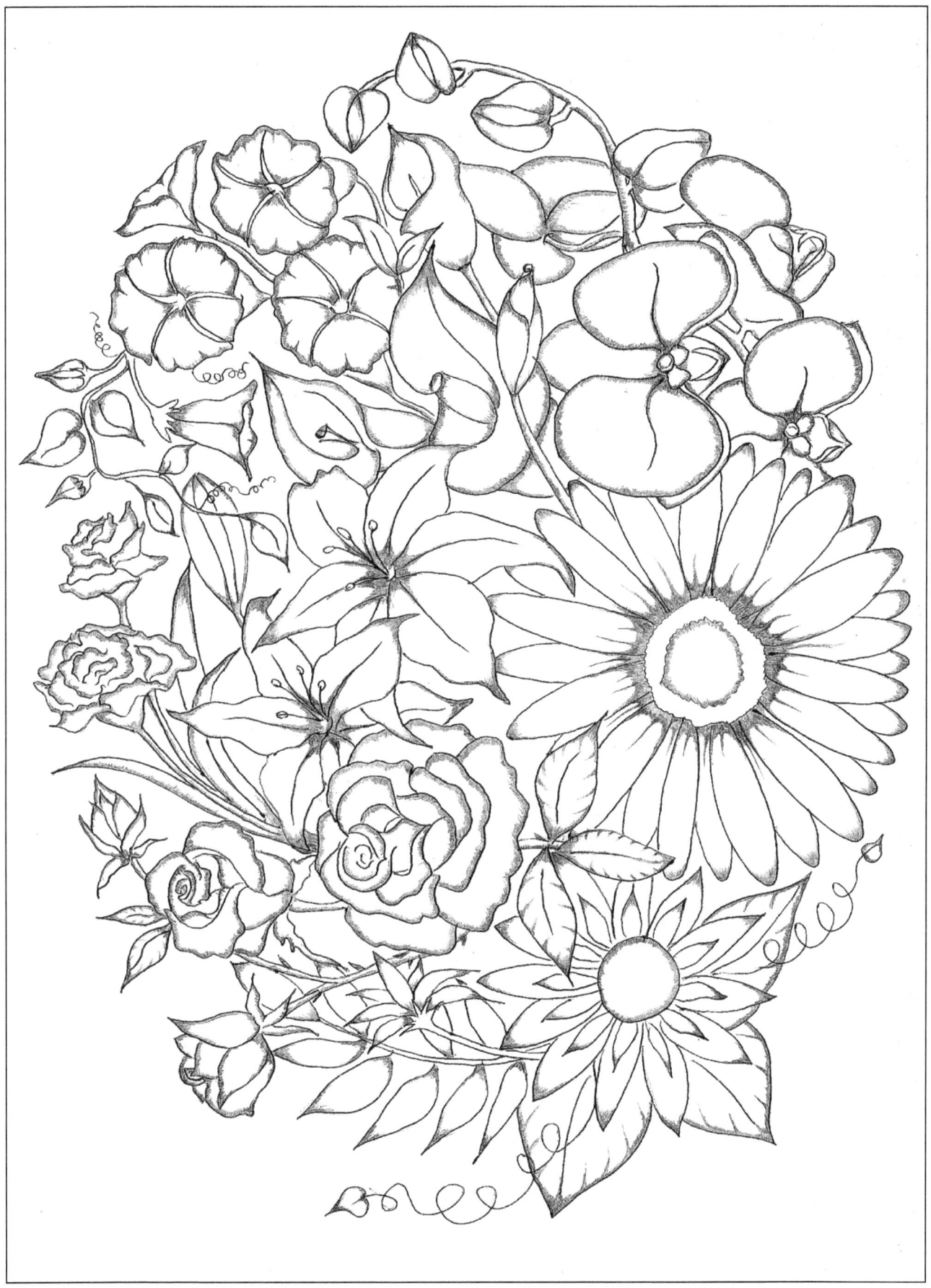

NOTE

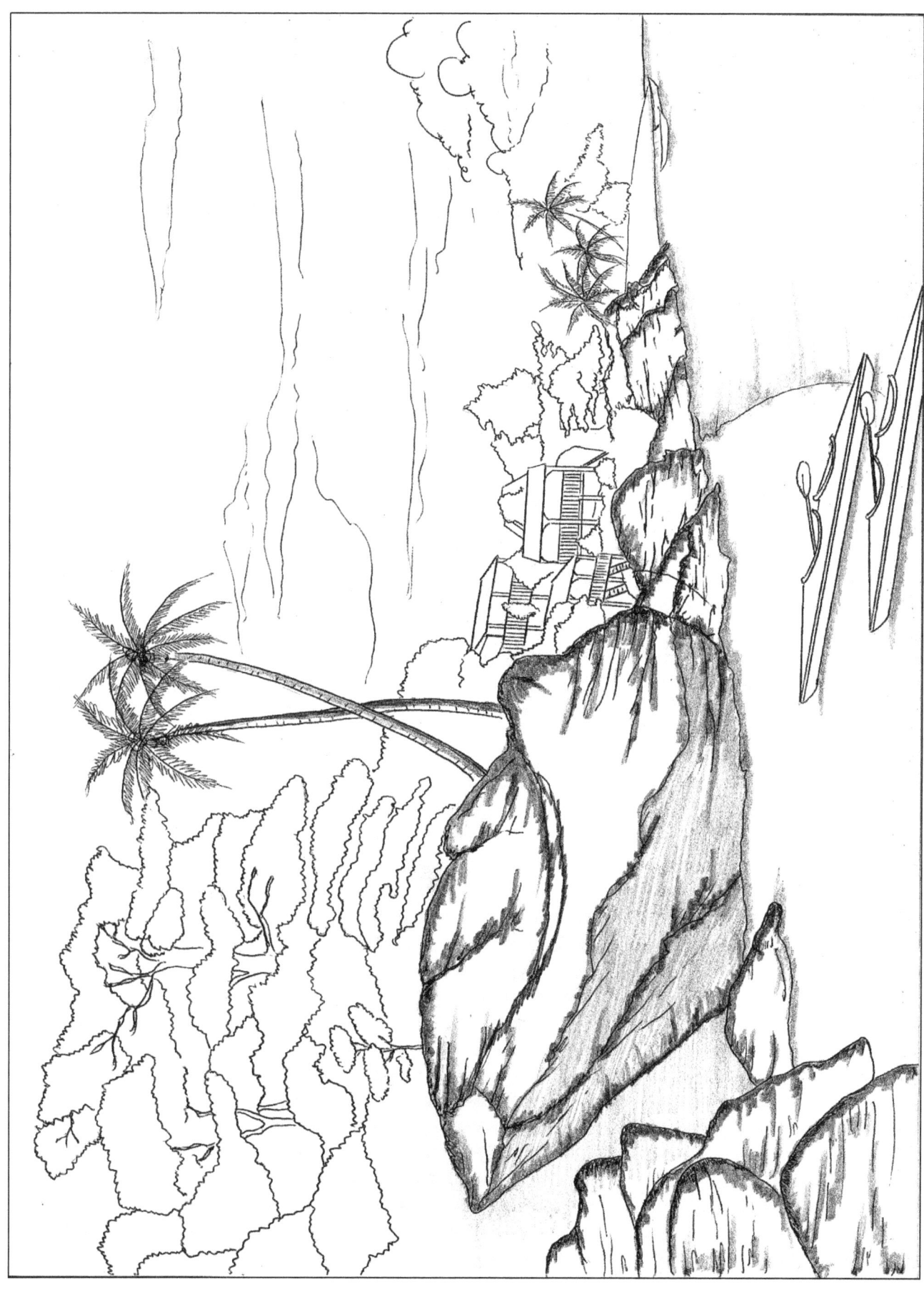

NOTE

Perhentian Island, Terengganu

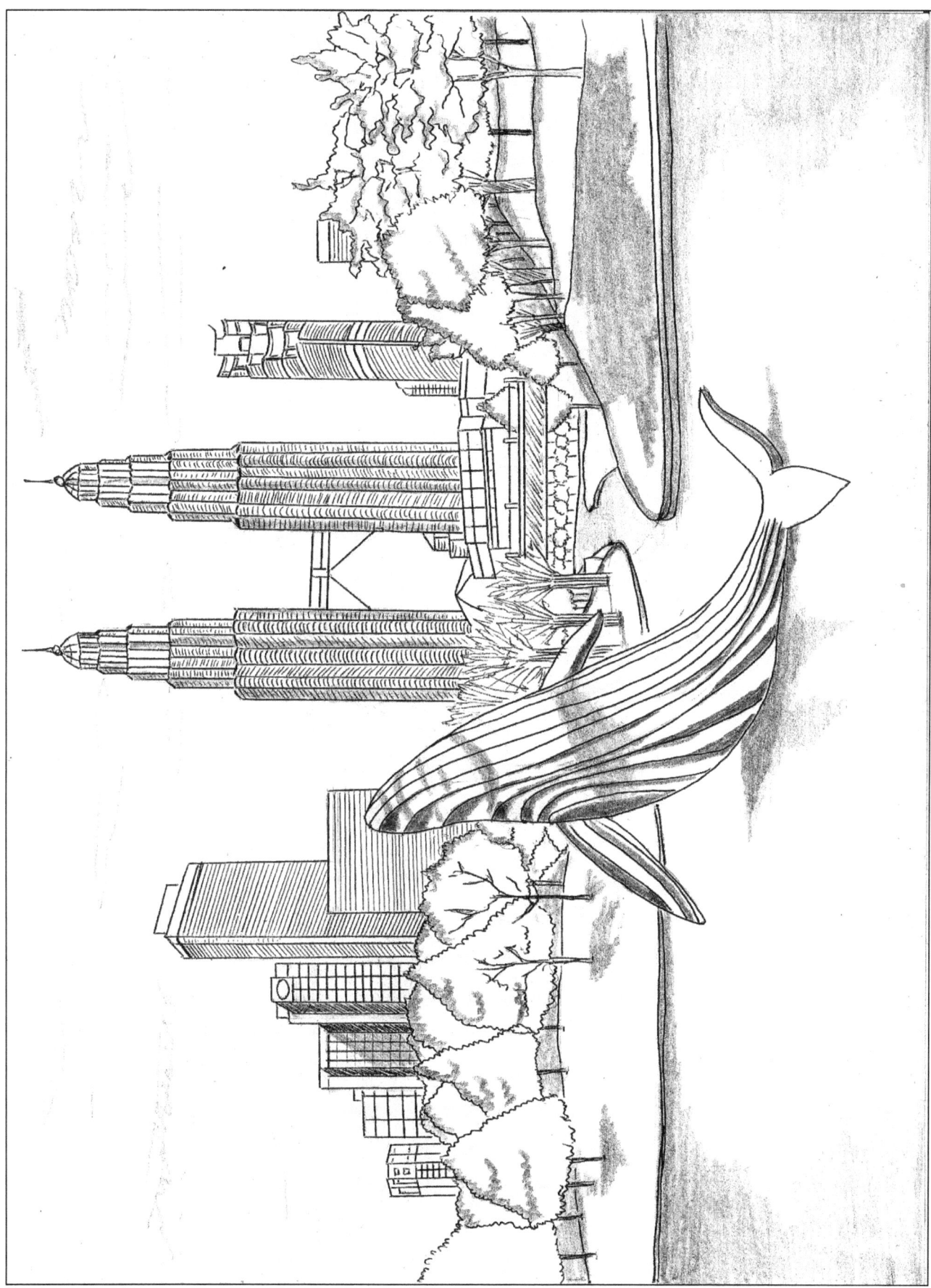

NOTE
Petronas Twin Tower, Kuala Lumpur

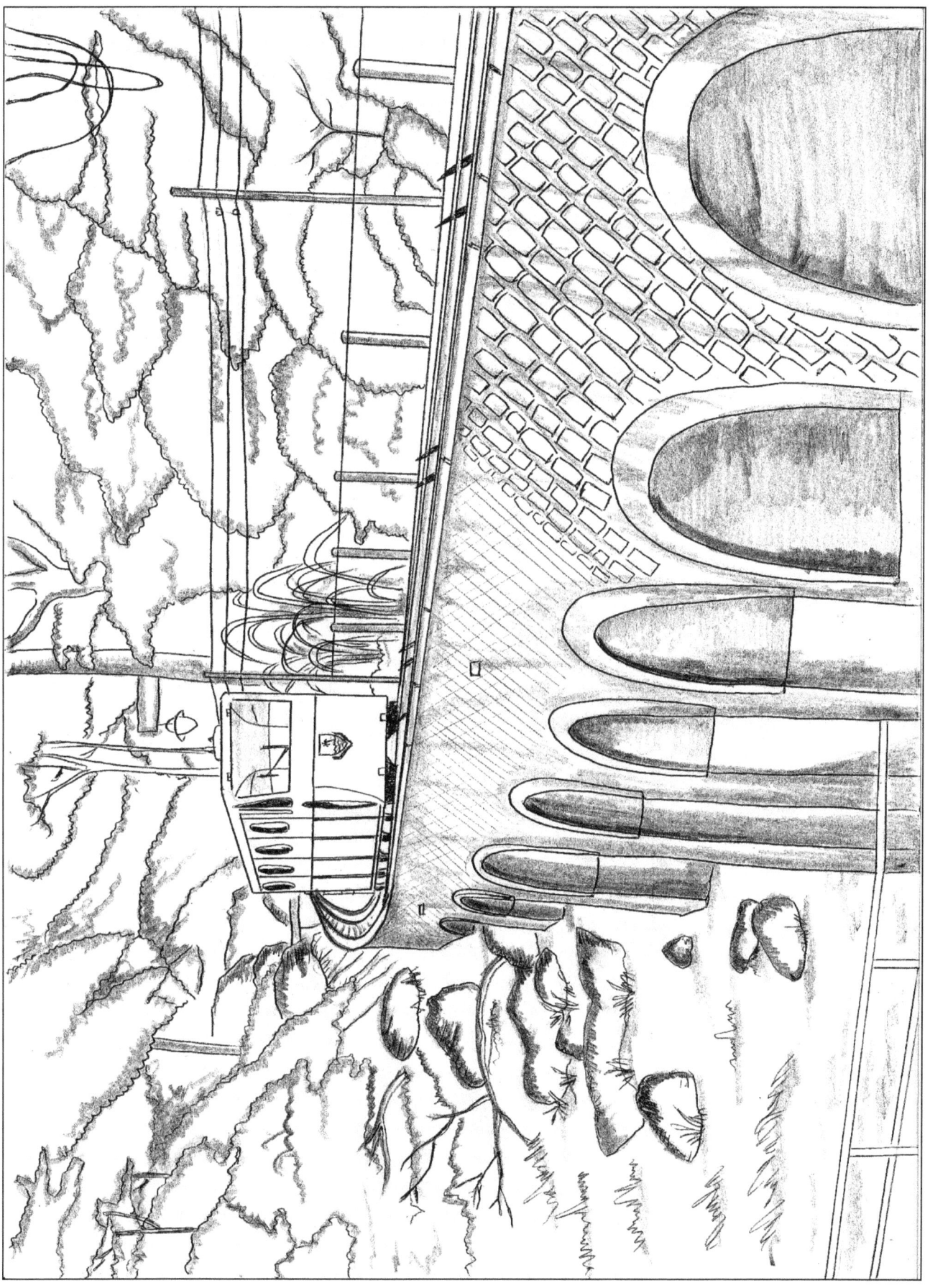

NOTE
Penang Hill, Penang

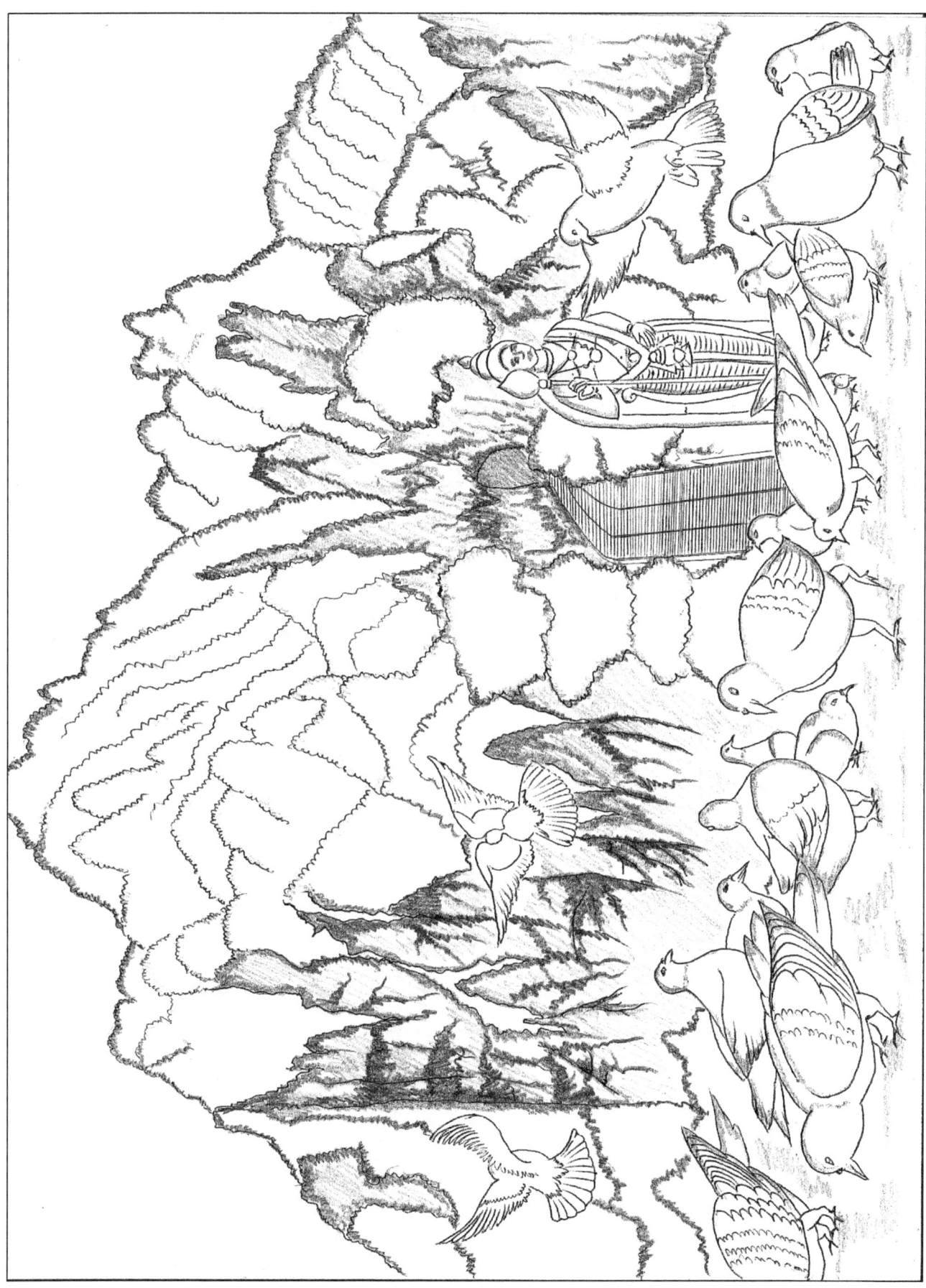

NOTE
Batu Caves, Selangor

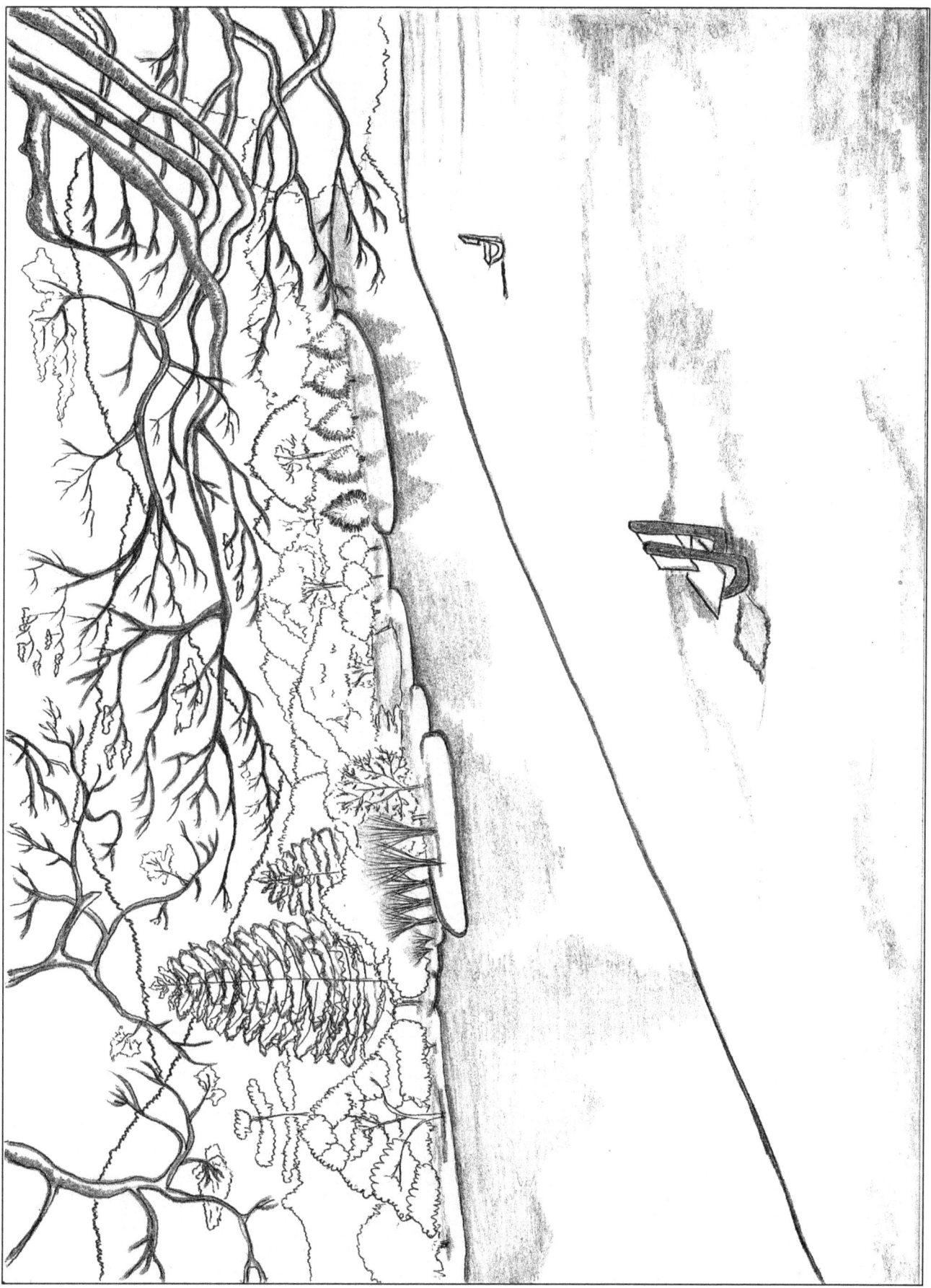

NOTE

Taiping Lake Garden, Taiping, Perak

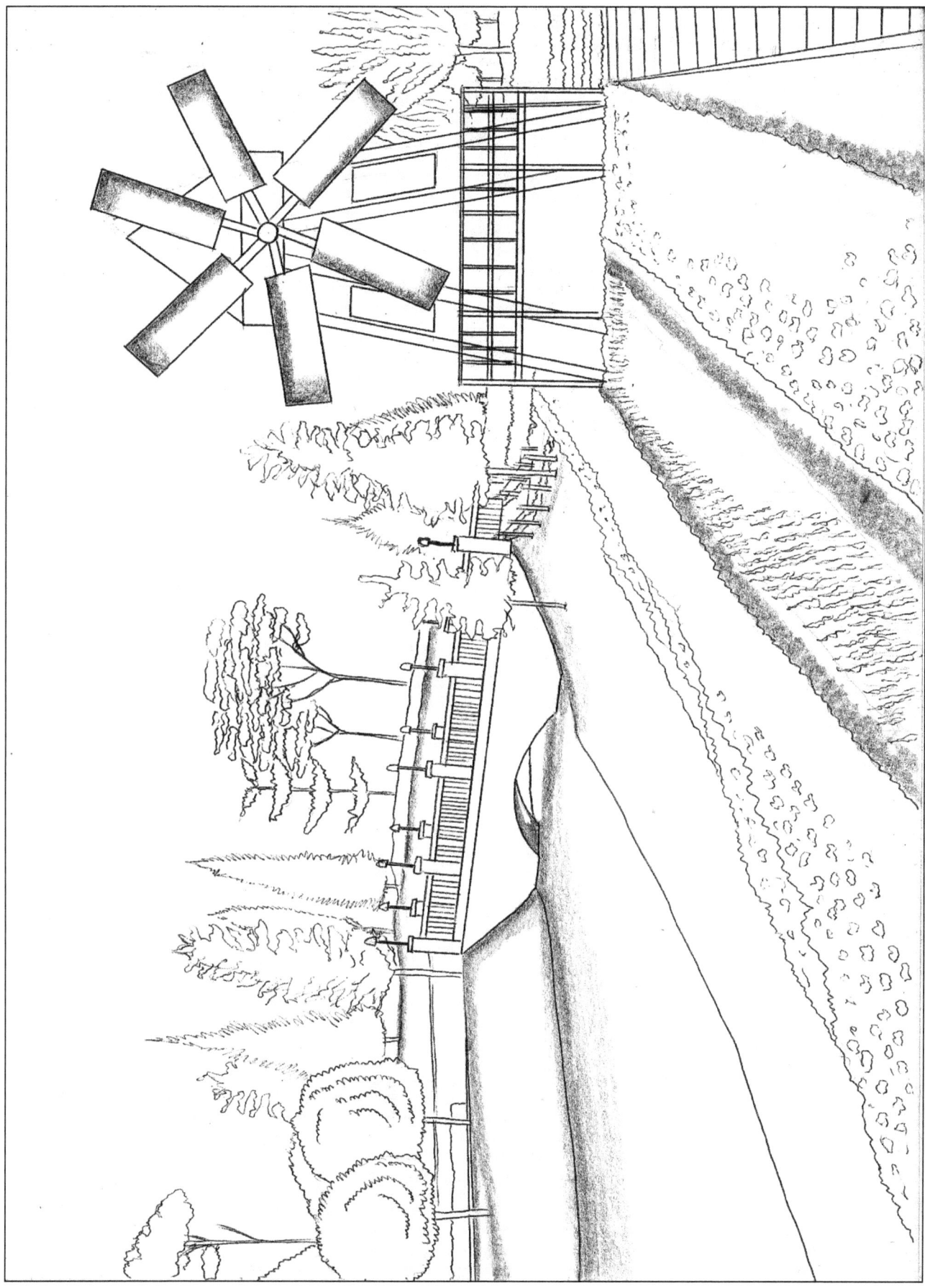

NOTE

Eco World Majestic, Semenyih, Selangor

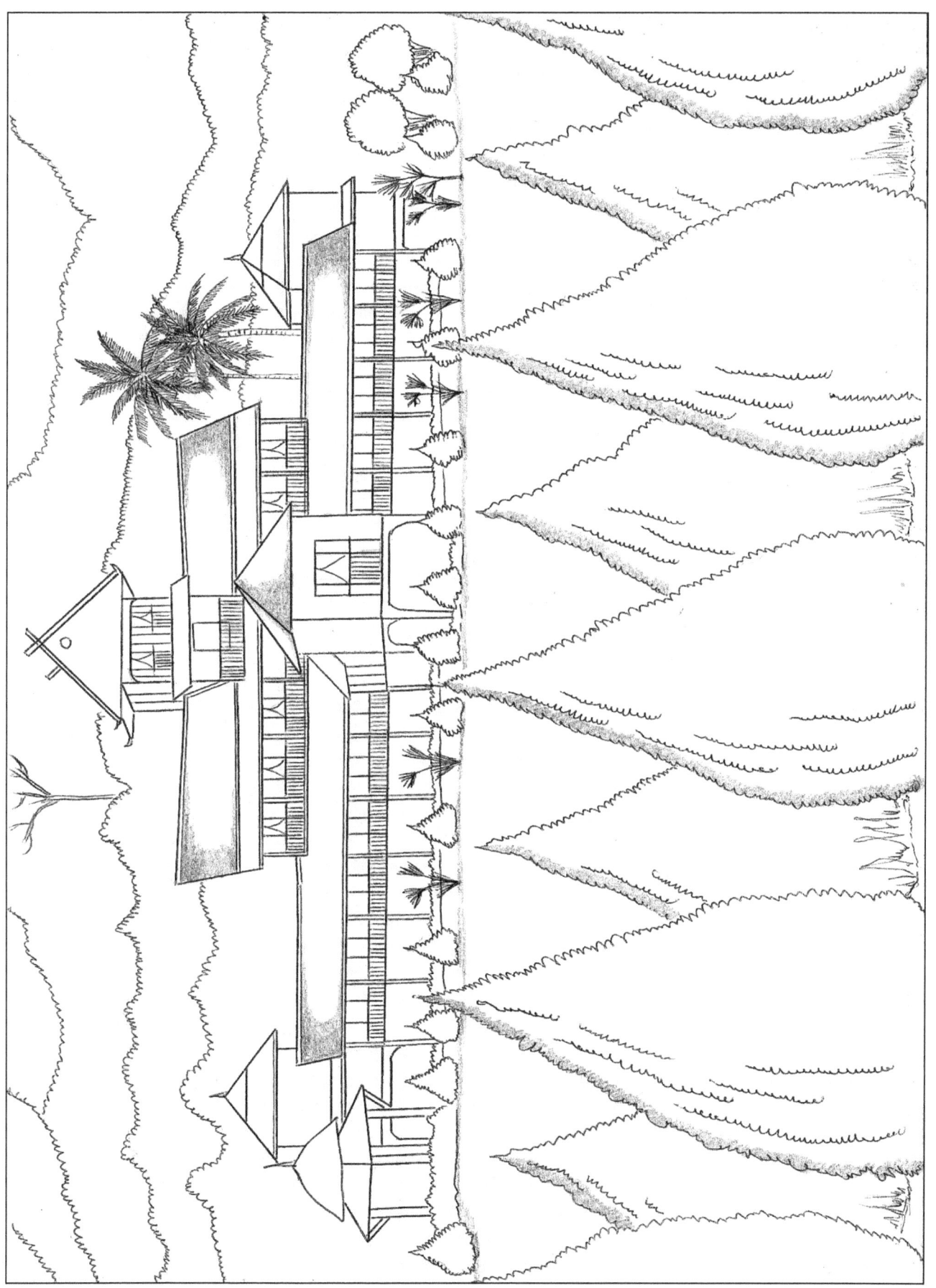

NOTE
The Istana Seri Menanti, Negeri Sembilan

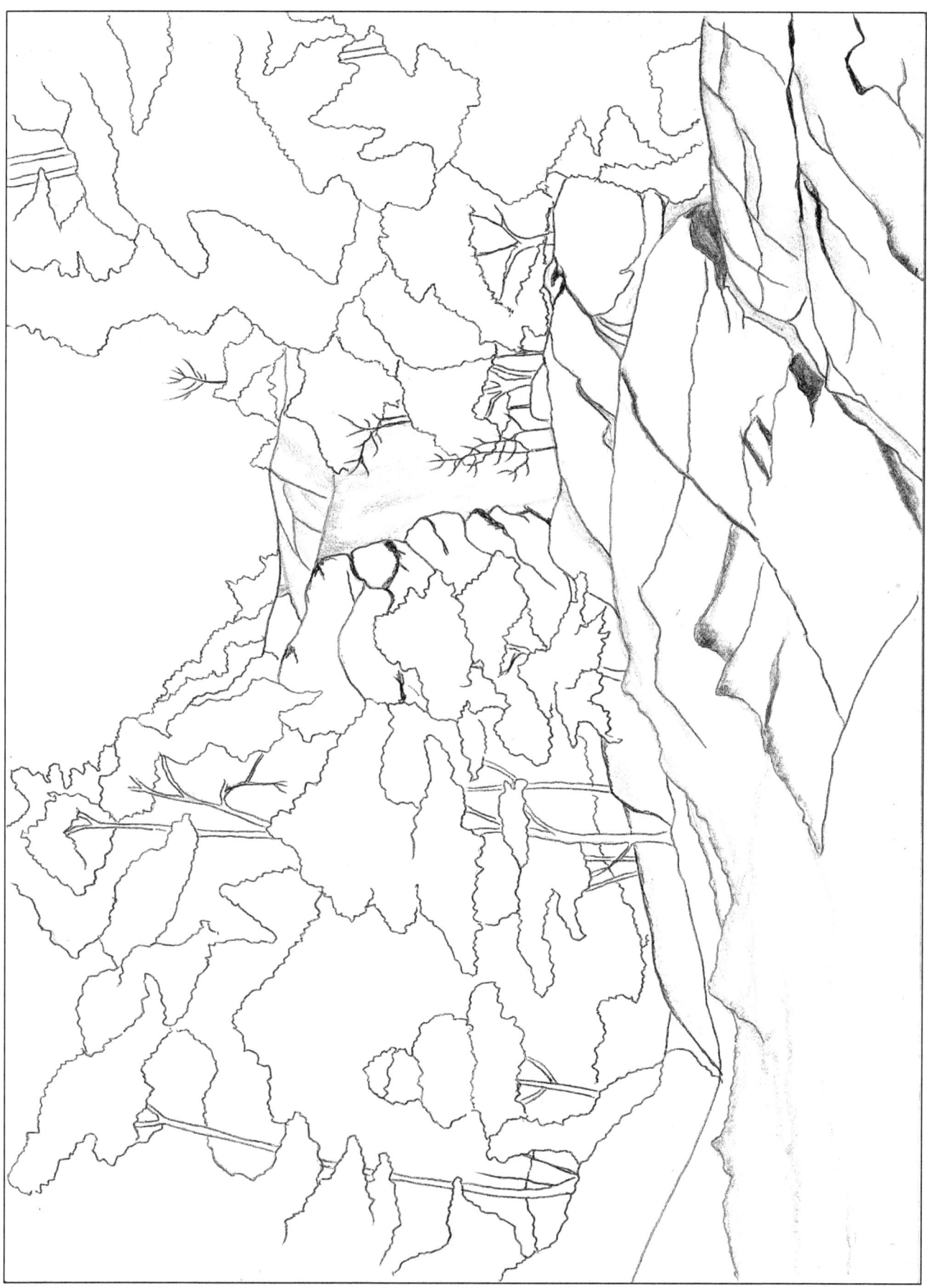

NOTE
Seven Wells Waterfall, Langkawi, Kedah

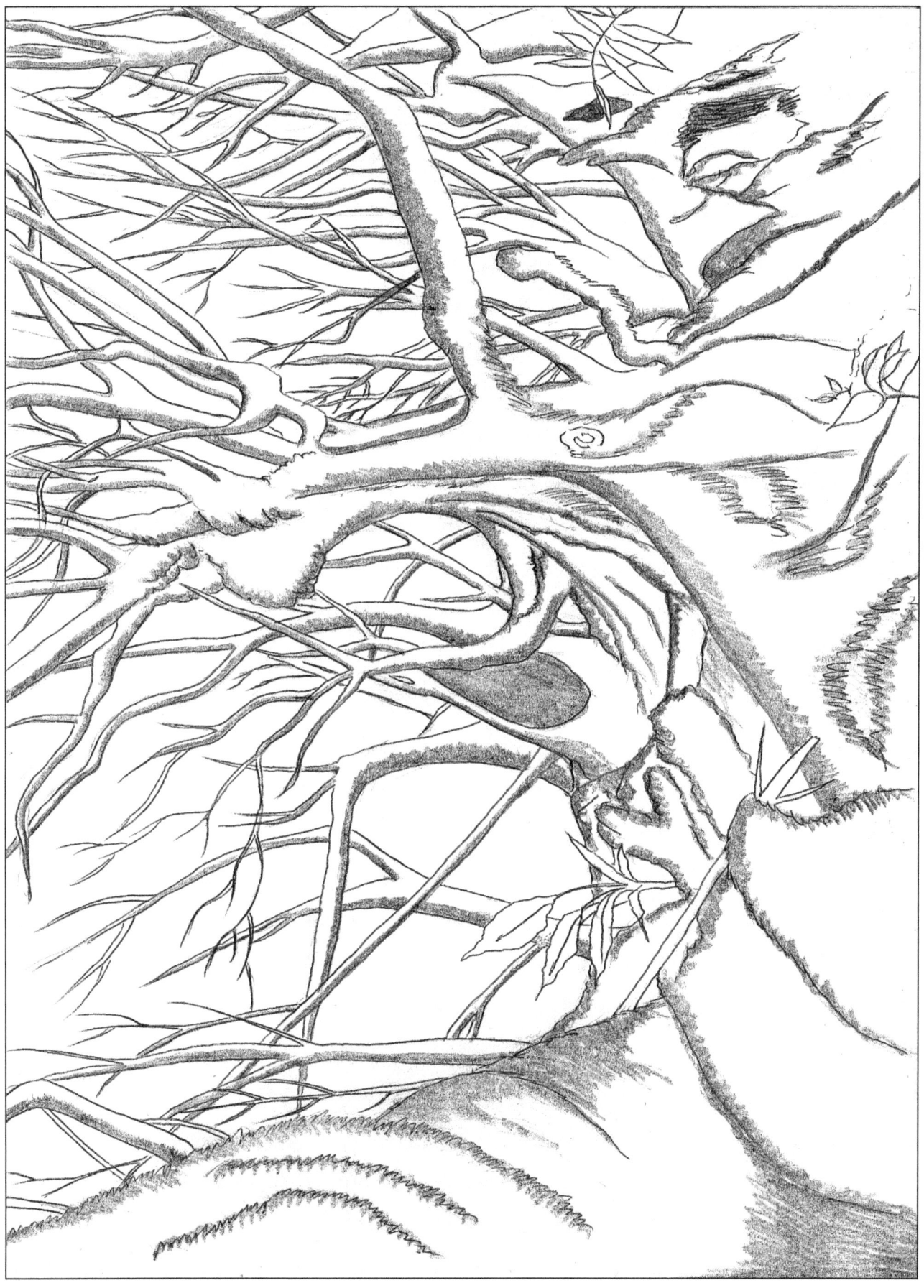

NOTE
Mossy Forest, Cameron Highland, Pahang

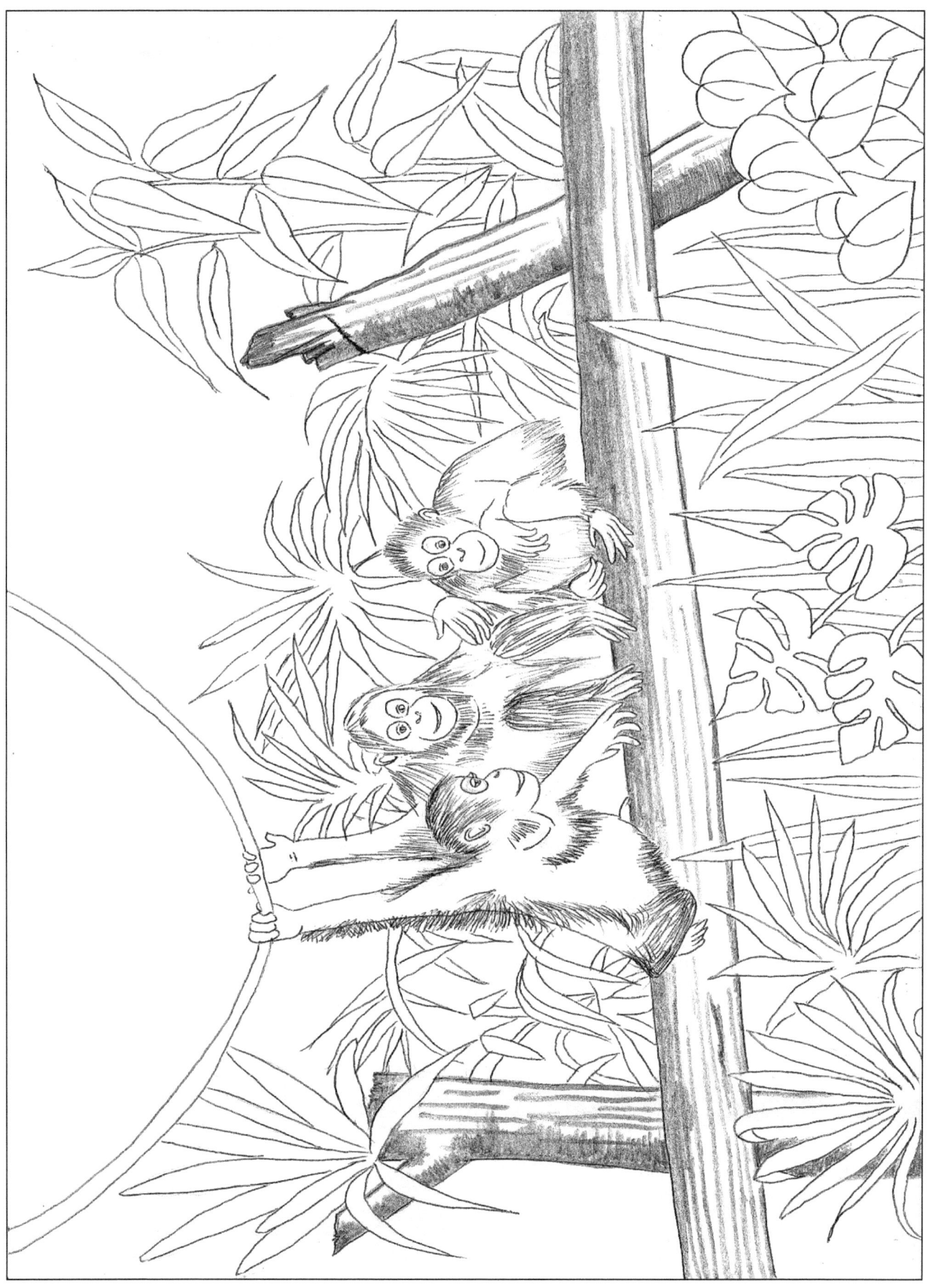

NOTE
Sepilok Orangutan Rehabilitation Centre, Sabah

www.ingramcontent.com/pod-product-compliance
Lightning Source LLC
Chambersburg PA
CBHW080706190526
45169CB00006B/2264